나 자신과 사랑하는 이의 죽음에 대한 모든 것

죽음의 에티켓

롤란트 슐츠 지음 | 노선정 옮김

SNOWFOX

/목차/

PART 3

살아남은 사람은
뭘 어떻게 해야 할까요?

PART 4

모두를 위한 뒷이야기가 있습니다

PART 1

어쩔 수 없이
우리 모두
죽어가고 있습니다

1
우리는 모두
죽는다는 사실을
피해 왔습니다

　정확히 언제 죽을지는 알 수 없지만 죽음을 앞둔 며칠 전 어느 날 당신의 심장은 펌프질을 멈추고 손가락 말단까지 피를 보내는 일을 그만둡니다. 머릿속, 허파 그리고 신체의 가장 핵심인 심장과 간, 발가락의 피도 거둬들입니다.

　그래서 당신의 발은 차가워지죠. 호흡이 잦아들고 감각이 사라지고 신체가 생명에게 작별을 고하는 과정을 시작합니다.

　나중에 의사가 사망진단서를 끊을 때가 되면 마치 당신의 죽음은 엄격하게 정해진 흐름을 따라 진행된 듯 보입니다. 하지만 그건 전혀 사실이 아닙니다. 죽어간다는 것은 매우 역동적인 과정이에요.

당신의 삶만큼이나 특별하게, 당신만의 방식으로 죽는 거죠. 누구나 이 과정을 개인적이고도 단 한 번뿐인 방식으로 겪게 됩니다.

당신의 죽음은 의사가 사망진단서에 쓰는 3단계 등급으로 나뉩니다. 만일 거만한 의사라면 그는 당신의 죽음을 ICD 코드로 깔끔하게 정리할 겁니다. 국제질병코드 말이에요. 어쩌면 당신의 사망 원인은 독일의 정치가 귀도 베스터벨레처럼 J-18-폐렴일 수도 있고, 어쩌면 카테고리 C-22의 암일지도 모릅니다. 가수 데이비드 보위처럼 말이에요.

단순한 의사라면 당신의 죽음을 모든 이들이 알아들을 수 있는 판에 박은 단어로 평가할 것입니다. 어쩌면 그는 무호흡 상태로 파악하겠죠. 종국에는 모든 호흡이 멈추는 게 당연하니까요. 또는 심정지로 파악할 수도 있죠. 결국 심장도 정지하는 법이니까요.

어쩌면 그는 단순히 당신을 죽음에 이르게 한 질병을 줄줄이 열거할 수도 있습니다. 몇 분 전의 직접적인 사망 원인에서부터 몇 달 전에 발생했던 유발 인자를 거쳐 몇 년 전부터 앓아온 지병에 이르기까지. 통계의 관점에서 보면 당신의 죽음은 그때부터 시작됐거든요.

당신도 틀림없이 기억할 겁니다. 심장, 암 진단, 그 빌어먹을 낙상. 하지만 이번에는 뭔가 심각한 거였어요. 의사들은 문제없이 잘 해결될 거라고 약속했습니다. 어딘가 아팠을 때 항상 문제를 해결해 줬던 것처럼 말예요.

그들은 당신을 요양원으로 보냈고 지난 1년 혹은 5년 동안 정말 괜찮았어요. 그런데 지금 당신은 병실 침대에 누워 있고, 이번엔 뭔가 다른 일이 벌어지고 있습니다. 벌써 흰색 가운을 입은 무리가 줄줄이 왔다 갔습니다. 아무도 당신이 어떻게 될지를 입에 담진 않았지만 당신은 두렵습니다.

죽음에 대해서 말하는 건 어렵습니다. 하지만 전문가들이 말하기를 임종을 앞둔 이에게는 죽음이 임박했다고 말해 주는 게 좋다고 합니다. 그들은 사실 처음 이 책의 집필의도를 듣고 회의적인 반응을 보였습니다. "죽어감, 그 한 단계 한 단계를 쓰겠다고? 죽음은 노선이나 시간표를 따르지 않아!" 그들이 말하더군요.

그래요. 죽음은 역동적이고 복잡한 것입니다. 죽어간다는 개념부터가 그렇죠. 죽어간다는 것은 삶의 한 부분입니다. 죽음은 사실 그다음 일이죠. 그들은 연구 결과와 논문, 통계자료를 권해 줬습니다. 그러면서 이렇게 덧붙였습니다.

"나이가 많거나 젊은 의사, 교수, 전문의, 호스피스 원장, 봉사자, 간호사가 일하면서 겪는 수천 건의 사망은 죽어가는 사람들의 체험과 그리 다르지 않아요. 그것보다 더 고통스러운 것은 죽음에 대해 침묵하는 일이지요."

우리가 죽음을 두려워하는 건 지극히 자연스런 현상입니다. 누군가는 이렇게 말하기도 합니다.

"인간은 평생 자신이 반드시 죽는다는 걸 부인하기 위해 노력한다. 그리고 바로 그 이유로 생각하는 존재가 되었다"고 말이죠.

사실 죽음은 너무 멀리 있었습니다.
그건 언제나 다른 사람의 죽음일 뿐, 단 한 번도 당신의 죽음이었던 적은 없습니다.
이런 방식으로 당신은 다른 모든 사람과 마찬가지로 너무나도 확실한 사실을 보지 않고 회피해 왔습니다. 우리 모두가 죽어간다는 사실 말입니다.

죽음이 언제 나에게 닥칠지는 알 수 없습니다. 시간이 얼마 남았는지도요. 사실 죽음을 묘사하는 것은 위험한 일이라는 걸 잘 압니다. 죽음을 설명하는 것 자체로 그가 원하든 원하지 않든 죽음의 기운에 휩싸입니다.

죽음에 있어서만큼은 합리성과 사고, 이성이 한계에 부딪힙니다. 더 이상 확실성은 존재하지 않죠. 아무도 실제로 죽어 본 다음 경험을 들려준 적 없으니까요.

죽음은 신체와 정신을 주관하던 능력을 완전히 회복할 수 없는 상태로 만들 겁니다. 머릿속에 질문이 막 생겨나겠죠.

'뭘 해야 하는지, 왜 하필 나인지, 정확히 언제, 어떻게 죽음이 온다는 말이지?' 하고 말입니다. 임종을 앞둔 사람들 곁을 지켰던 의사들은 처음에는 그 질문에 조심조심 대답을 합니다.
아니 오히려 질문을 던집니다.

"환자분은 본인의 상황을 어떻게 보시나요?"

"자신의 병에 대해서 알고 계시나요?"

"지금부터 어떻게 될 거라고 느끼세요?"

"혹시라도 그런 일이 일어나지 않는다면요?"

이런 식으로 답하기 어려운 질문을 피합니다.

당신은 진실에 어떤 식으로 맞설지 결정해야 합니다. 물론
진실을 버거워하는 환자들도 있죠. 반대로 모든 것을 속속들이
다 알고 싶어 하는 환자들도 있고요.

대체의학 병동의 의사나 간호사들은 일괄적인 하나의 답을
내놓지 않습니다. 그들이 당신에게 말하는 모든 것은 진심이
어야만 하고 진정이어야 하지만 곧바로 진실을 말하는 건 아
닙니다. 그렇다 해도 당신은 언제든지 물을 수 있습니다.

그러나 중환자는 온통 침묵으로만 둘러싸일 때가 많습니다.
서로를 위한 배려심에서 아픈 사람도, 건강한 사람도 모두 말을
아끼죠.

"애들에게 이렇게 버거운 이야기를 할 수 없어."

"엄마를 너무 힘들게 할 수 없어."

"그에게 짐이 될 수는 없어."

"그는 참아 낼 수 없을 거야, 견디지 못할 거야."

이런 식의 배려는 매우 흔한 일입니다. 이런 현상들은 어떤

대가를 치르더라도 서로를 보호하려고 하기 때문에 일어납니다. 특히 죽음에 관해서는 더 그렇습니다.

아내가 병실 침대에 누워 소곤거립니다.

"난 이제 죽을 거예요. 하지만 절대 남편에게는 말하지 마세요!" 병실 밖에 있는 남편이 말합니다.

"제 아내는 죽을 거예요. 전 그걸 느껴요. 하지만 절대 아내에게는 얼마나 심각한 상태인지 말하지 마세요."

의학 종사자들은 이런 현상에 적합한 개념을 하나 만들어 냈습니다. 그들은 그걸 자비로운 거짓말이라고 부릅니다. 하지만 이런 '자비로움'도 별 소용이 없습니다. 시간 끌기, 달아나기, 미화하기, 그런 건 모두 소용없는 짓입니다. 죽음의 경우에는 말입니다.

그들이 당신에게 솔직히, 이제 곧 끝날 거라고 말해 버리면 매우 충격적일 겁니다. 모든 감각은 터져 버리고 의사의 목소리는 저 멀리 들릴 듯 말 듯 아득해질 겁니다. 모든 사물이 비현실적으로 보이겠죠. 당신은 숨을 몰아쉽니다.

사실 그가 지금 무슨 말을 하고 있는 건지 통 알아들을 수도 없습니다. 노련한 의사들이라면 똑같은 말을 두 번 하겠죠. 한 번은 당신에게 무슨 일이 일어났는지 듣게 하려고, 또 한 번은 당신에게 그 말을 이해시키기 위해서 말이죠.

하지만 이런 대화를 한 번도 시도하지 않는 의사들도 많아요. 전문 교육을 받는 동안 단 한 번도 배운 적이 없는 거죠. 종합병원이 너무 바쁘게 돌아가서 전혀 시간이 없기 때문일지도 모릅니다. 그리고 무엇보다 예견된 죽음을 부인하는 편이 더 쉽기 때문입니다. 하지만 암묵적으로든, 치료를 위해서든, 죽음을 부인한다 해도 결과는 마찬가지입니다.

죽음을 부인할 때 공범은 당신 자신일지도 모릅니다.
당신은 죽음을 받아들이지 않을 테니까요.
당신은 죽고 싶지 않고, 의사는 죽음에 대해서 아무 말도 하고 싶지 않으니 당신과 의사는 한마음, 한뜻으로 기만에 빠져드는 것입니다.

죽어가는 사람들 중에는 나중에 후회하는 경우가 많습니다. 그들은 이런 장난을 하기에는 남은 시간이 너무 짧다고 말합니다. 당신은 진즉에 죽음의 준비를 시작할 수도 있었을 겁니다. 그러기 위해서는 의사가 당신이 죽게 될 거라고 허심탄회하게 밝히고 당신도 그 사실을 자각해야 합니다.

물론 인정하고 싶지 않겠지요.

'죽는다고? 적어도 나는 아니야!'라는 생각도 들겠죠.

분노도 치밀어 오를 겁니다.

'대체 누구 책임이지? 누구에게 이 죄를 물어야 하는 거냐고!'하고 소리치겠죠. 아마도 당신은 타협하려고 할지 모르겠습니다.

'이제부터 일요일마다 교회에 가겠다'거나 '어떤 대가를 치르더라도 새로운 요법을 쓰겠다'라고요. 하지만 이내 자기연민이 당신을 집어삼켜 버립니다.

'이게 다 무슨 의미가 있담'이라고 푸념하다 결국 죽음을 인정하는 순간이 올 겁니다. 이런 일들은 서로 꼬이고 꼬여 있어요. 감정이 혼란스럽게 얽힌다는 말이에요. 처음에는 분노와 자기연민, 그와 동시에 인정 또는 전혀 인정할 수 없다거나 계속해서 부인하고 또 부인하는 패턴이죠. 이 불안한 상태는 어쩌면 죽음의 원칙일지도 모르겠습니다.

허나 죽음은 어떤 법칙도 없이 모든 종류의 자유를 곧 빼앗고야 맙니다. 어떤 사람들은 죽음이 임박하면 그걸 파헤칩니다. 짐작이 확신으로 변하는 순간 조용히 받아들이는 사람도 있고요. 대개의 사람들은 침묵합니다. 말을 하거나 농담을 하거나 소리를 지른다 해도 마찬가지입니다.

당신은 침묵하게 됩니다. 더 이상 아무 말도 할 수 없죠. 이건 '쇼크'입니다. 과학자들은 이걸 '생존적 타격'이라고 부릅니다. '자아가 덜덜 떠는 현상'이나 '죽음의 일차적 트라우마'라고도 부릅니다. 이 개념들 안에서 당신과 살아 있는 사람들 사이에 틈이 생겨납니다. 죽음은 단도처럼 당신의 가장 깊은 곳을 찌릅니다. 그리고 '나는 죽을 것이다, 나는 죽을 것이다, 나는 죽을 것이다…'라는 걸 소화하게 됩니다. 심리학의 관점에서

보면 죽음은 죽음이 임박했음을 자각하는 순간, 그 자각이 삶을
지배하는 순간 본격적으로 자리를 잡습니다.

2
아프고 괴롭지만
사람들이 곁을
떠나는 게 낫습니다

당신의 삶은 마치 거품 같이 느껴집니다. 바깥세상은 살아 있는 것들로 넘쳐 나는데 나만 홀로 죽음에 빠져 있다는 생각이 듭니다. 정신이 나갔다 들어오고 때때로 통증이 왔다 가고, 무기력함으로 죽음은 서서히 자신의 존재를 알려 옵니다. 당신이 어떤 병을 앓든 그 병은 강렬한 빛으로 발을 내딛습니다.

의료계는 무엇이든 다 알아내고 싶어 하는 경향이 있어서 초음파, 핵스핀, CT, X선 촬영, 조직 검사를 포함해 할 수 있는 모든 걸 하려고 듭니다.

어쩌면 그들은 당신을 그저 '병'으로만 볼지도 모릅니다. 그런 상황이 당신을 주눅 들게 만듭니다. 개인적으로 악의가 있어서 그러는 건 아닙니다. 그저 그렇게 교육받은 사람들이에요. 그들은 몇 세대를 거쳐 늘 그런 식으로 환자의 건강을 지키려고 싸워 왔습니다. 진단, 치료, 예견 등은 심사숙고를 거친 계획적이고 명료한 절차인 겁니다. 이런 행위들은 값으로 매겨져 왔습니다. 정산할 수 있는, 즉 치료에는 보상이 따른다는 겁니다. 이로써 일종의 성향이 생겨납니다. 치료하려는, 그러니까 환자가 누구든 그의 암세포나 병균을 공격해서 적극적으로 치료하려는 행동이 생겨나는 것입니다. 그래서 현대 의학은 개인적인 감정을 개입시키지 않는 형태로 지켜집니다. 일단은 냉정하고 방법론적이죠.

당신을 이루는 모든 것. 당신 눈, 웃음, 두려움, 욕망, 능력, 지식, 경험, 좋거나 나쁜 성격들, 가장 좋아하는 노래, 당신만의 휴식처, 기억과 동경, 흉터, 성공, 제일 좋아하는 음식, 가고 싶은 나라, 냄새, 재치, 제스처, 당신의 어두운 비밀들, 늘 자랑하기 좋아했던 승리의 순간, 고집, 기분, 공로, 소망과 계획과 목표들 그리고 친구들을 화나게 하는 작은 속임수.

바로 그 모든 게 당신이지만 종국에는 당신의 병 진단만이 당신을 좌우하게 됩니다. 당신의 입지가 바뀌고 있습니다. 이젠 사람들이 당신에게 다르게 반응하기 시작할 거예요. 말로, 행동으로, 생각으로.

특히 은밀한 배려로 말이죠!

이 허둥대는 은폐, 마치 갑자기 모두 당신과 자연스럽게 교류하는 법을 까먹은 듯합니다. 개중에는 피하려는 사람도 있습니다. 그들에게는 당신을 상대하는 일이 너무 버거운 일이라서 그렇겠죠. 도울 방법을 몰라서 그런 것이기도 하고요. 전화도 하지 않고 연락도 하지 않습니다. 마치 겨울이 오면 떠나 버리는 제비들처럼 말입니다.

물론 좀 아프고 괴롭겠지만 오히려 그 편이 낫습니다. 두려움에 빠지지 않고는 당신을 쳐다볼 수 없는 그런 사람들은 이제 필요 없습니다.

자꾸만 찾아와 괴롭히는 사람도 있습니다. 그들은 이 상황의 주인공이 나라면, 누군가 자신을 찾아와 주면 좋겠다고 생각하는 사람들입니다. 당신에게 좋은 게 뭔지 잘 알기 때문이라고 말할지도 모르죠.

케이크와 꽃, 진심이 담긴 편지. 그들은 마치 자기 자신인 양 당신을 살뜰하게 보살핍니다. 그러나 아무리 선의에서 그러는 거라 해도 고집스럽게 그들과 거리를 두는 게 좋습니다. 여기 이 문제가 오로지 너만의 문제가 아니라고 생각하는 사람들은 착각을 하고 있는 겁니다. 이 문제, 죽음은 오로지 당신의 문제라는 사실을 잊은 겁니다.

"좋은 아침!"
('좋은 아침 아닌데, 전혀 좋은 아침 아니거든, 좋은 날은 더더욱 아니고.')
그래서 당신이 말합니다.

"그래요. 아침이군요."

"좀 어떠세요?"
('엉망이야. 그밖엔 없어.')
그래서 당신이 말합니다.
"글쎄요, 뭐 그럭저럭."

"내가 당신이라면 이렇게 한 번 해 보겠어요."
('네가 내 입장이면 넌 울고불고 소리 지르며 화를 냈을 걸.')
그래서 당신이 말합니다.
"그래요. 기억해 두죠."

"네가 얼마나 힘들지 나는 잘 알고 있어."
('아니야, 넌 전혀 알 수가 없어. 그러는 편이 다행이라고 생각하라고.')
그래서 당신이 말합니다.
"네 말을 믿어."

"너 그 얘기 들었어?
누구누구는 항암치료 받는 중에 테니스를 친다더라."
('난 매우 피곤해, 속도 메슥거리고. 그런 말을 들었는지 아닌지는 나
도 모르지.')
그래서 당신은 말합니다.

"누가 테니스를 쳤다고?"

"넌 이제 강해져야 해."
('아냐, 난 강하지 않아. 오래전부터 강하지 않았어. 거기다 점점 약해
져 가는 걸 느껴. 말을 안 할 뿐.')
그래서 당신이 말합니다.
"노력하고 있어."

"네가 알고 있는지 모르겠는데 이 병으로 우리 삼촌도 죽었어."
('알고 싶지 않은데, 난 알고 싶지 않다고.')
그래서 당신이 말합니다.
"몰랐네."

"힘내! 싸워 이겨야 해!"
('어떻게 싸우라는 거야. 난 싸우고 싶지 않아. 그저 살고 싶을 뿐.')
그래서 당신이 말합니다.
"그래, 최선을 다하고 있어."

"미안해. 울지 않을 수가 없어. 모든 게 너무 슬퍼서."
('슬픈 사람은 나거든!')
그래서 당신이 말합니다.
"힘을 내, 넌 이제 강해져야 해."

"내가 뭐 도울 게 있다면 언제든 나한테 꼭 알려줘, 알겠지?"

('야, 넌 직장, 가족, 지켜야 할 일정도 있고 친구도 있잖아. 넌 펄펄 살고 있어. 빌어먹을! 언제든지라고? 거짓말 좀 하지 마!')

그래서 당신이 말합니다.

"알았어, 고마워."

"너는 분명 곧 나아질 거야."

('아니거든. 아, 신이시여. 이 친구를 좀 내보내 주소서!')

그래서 당신은 아무 말도 하지 않습니다.

"잘 있어."

('너나 더 잘 있어. 사는 동안 나보다 더 잘 있으란 말야.')

그래서 당신이 말합니다.

"너도."

당신은 이 기만적인 대화에서 벗어나기 어렵습니다. 죽음은 당신과 타인의 관계가 어느 정도인지를 결정하는 힘을 발휘합니다. 특히 별로 친하지 않던 이들과의 관계에서 말입니다.

죽음을 입 밖으로 꺼내는 사람은 거의 없지만 대부분은 그걸 감지합니다. 누군가는 의식적으로 누군가는 무의식적으로.

그건 마치 당신과 세상 사이에 존재하는 팽팽한 긴장 같은 것입니다. 당신은 가야 합니다. 다른 이들은 남고요.

이 긴장은, 단단한 관계는 더욱 단단하게 하고 위태로운 관계는 더욱 위태롭게 합니다. 하지만 그 반대의 일이 일어날 수도 있습니다. 죽음은 관계가 얼마나 질긴지를 시험하니까요. 당신은 살아 있는 사람들의 이중적 사고를 읽는 법을 배우게 됩니다.

그들은 당신에게 용기를 북돋우지만 사실은 절망하고 있습니다. 그들은 당신 기분을 좋게 해 주려고 하지만, 사실은 어쩔 줄 몰라 합니다. 그들은 당신에게 조언을 해 주지만, 사실은 더 이상 어떻게 해야 할지를 모릅니다. 그들은 당신이 가진 병에 투쟁을 선포하지만, 사실은 죽음을 이길 수 없음을 잘 알고 있습니다. 그들은 자신의 답답한 감정을 당신 앞에서 조금이나마 견디기 쉬운 것으로 바꾸려는 겁니다.

당신은 사람들이 달라지기 시작했다고 느낍니다.

모두 당신과 자연스럽게 교류하는 법을 까먹은 듯합니다.

피하려는 사람도 있는 것 같습니다.

그들에게 너무 버거운 일이 되어 버려서,

도울 방법을 몰라서 그런 겁니다.

당신이라면 누군가 자신을 찾아와 주었으면 좋겠다고

생각해서 자꾸만 당신을 찾아오는 사람도 있습니다.

이 모든 이들은 이제 보호막이 될 수 없습니다.

이 문제는 정말 오로지 당신을 둘러싼 문제입니다.

3
당신은
세 가지 유형의 말을
듣게 될 것입니다

　죽음에 임박한 사람들이 듣는 말 중 대부분은 세 가지 패턴 중 하나입니다. 첫째, 과소평가하기입니다. 그 지혜들 속에는 단 하나의 교훈이 들어 있습니다. '너무 심각하게 생각하지 말기'입니다.

　두 번째는 스승 스타일로 교훈 주기입니다. 이들은 당신의 병을 귀중한 경험으로, 일종의 생존 훈련으로, 육체 외의 정신과 영혼을 위한 훈육으로 보는 겁니다. 모든 것에는 깊은 뜻이 있나니, 이제 좀 그것을 깨달으라는 식이죠.

　세 번째는 해법 제시입니다. 당신을 구할 수 있는 길을 예견하고, 당신의 병을 고칠 요법을 안다고 주장합니다. 마인드컨트

롤이나 기도문 같은 게 당신을 낫게 해 줄 거라면서 만약 그걸 시도하지 않으면 애석한 일이 될 테고, 치유는 오직 당신의 마음가짐에 달려 있으니 결코 굴복해서는 안 된다고 말합니다.

죽음이 임박한 환자들 중에는 이런 순간에 건강한 사람들이 자신 위에 올라 앉아 재판을 하는 것처럼 느껴진다고 말하는 사람들도 있습니다. 사실은 그것만으로도 대화의 방향이 죽음과 얼마나 관련이 없는 곳까지 와 버렸는지를 짐작할 수 있습니다.

역설적인 현상이 아닌가요? 사실 죽음은 도처에 있잖아요. 매일 아침 신문에, 매일 저녁 TV 뉴스에, 하루 종일 인터넷에 있는데도 일상에서는 죽음을 거의 볼 수 없으니 말입니다.

사실 현대 문화는 명명백백한 죽음을 의식으로부터 밀어냈습니다. 어떤 사람들은 나이가 오십 혹은 육십이 되어서 그들의 부모가 죽을 때에야 난생처음 시신을 보기도 하니까요.

역사의 관점에서 보면 그건 변칙적인 현상입니다. 죽어가는 것과 죽음은 수천 년 넘게 감지 가능한 삶의 한 부분이었고 그것도 모든 연령대에서 일어나 왔으니 말입니다.

하지만 이제 죽음은 무엇인가 추상적인 것이 돼 버렸습니다. 현대에 들어와서 사람들은 죽음을 마치 미지의 우주처럼 대합니다. 죽음은 의심할 나위 없지만 내가 겪을 일은 절대 없다고 확신합니다. 그래서 많은 사람이 당신이 곧 죽을 거라는 사실에 그토록 부적절하게 행동하는 것입니다.

의사들은 죽음이 임박한 환자들과 교류할 때 겸허와 존중을 표현해야 한다고 합니다. 말하기는 쉽지만 실제로 실행하는 것은 어렵습니다. 그래서 죽어가는 사람들과 교류하기 위해서 책을 만들어 전파하려는 사람들도 있습니다. 그들에게 있어 중요한 건 단 한 가지, 죽음 앞에 있는 사람과 마주한 사람은 자신의 감정을 잘 알고 있어야 한다는 것입니다.

'지금 내 기분이 언짢은가? 답답하거나 절망적이고 무기력한가? 환자 앞에서 두려움을 느끼고 있는가?'

이 모든 건 인간적이긴 합니다. 대부분의 사람이 느끼는 감정이니까요. 하지만 왜 이런 감정이 엄습하는지를 알아야 합니다. 죽어가는 이가 나에게 소중해서? 그와 눈이 마주치는 순간 나 역시 언젠가 이 병에 걸릴 수 있다는 걸 상기시키기 때문에? 아니면 언젠가는 죽음이 나에게도 닥칠 일이라는 진실이 떠오르기 때문에?

어떤 감정이 내 안의 진실에서 생겨난 감정이고, 어떤 감정이 죽어가는 사람에게 생겨난 감정인지 따로 분리하는 게 좋습니다. 이렇게 분리하면 상황을 좀 더 쉽게 받아들일 수 있습니다. 물론 그냥 '쉽게'가 아니고 '비교적 쉽게' 말입니다. 죽음을 체험하는 건 결코 쉬운 일이 아니니까요.

그들은 책에서 하나의 비법을 권합니다. 이걸 동그라미 모델이라고 부릅니다. 원을 하나 그려 보세요. 원의 중심에는 내가 있습니다. 그 원을 둘러싼 또 하나의 조금 더 큰 원을 그립니다. 이건 당신과 가장 가까운 사람이 속하는 원입니다. 당신이 사랑하는 사람, 당신과 가장 친한 친구. 세 번째 원에는 당신과 가까운 사람이 속합니다. 딸이나 아들, 자매나 형제입니다. 네 번째 원은 지인들입니다. 다섯 번째는 이웃들입니다. 만약 더 필요하다고 판단되면 동그라미를 계속 더 그려도 됩니다.

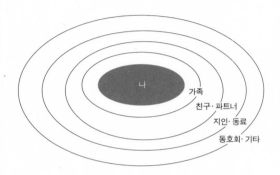

당신 주변의 모든 사람, 부모님부터 촌수가 먼 친척에 이르기까지 마치 손으로 그린 태양계처럼 보일 겁니다.

중앙에 있는 별이 당신입니다. 이 천체는 당신을 중심으로 공전하며 돌아갑니다. 이게 바로 조력자들의 질서 체계입니다. 당신은 이 원 안에서 무엇이든 다 해도 됩니다. 울어도 되고, 한탄해도 되고, 화를 내거나 끙끙 앓거나 흐느껴 울거나 날뛰어도 되고, 신과 세상을 욕해도 좋습니다.

하지만 이때 당신을 제외한 모두가 지켜야 할 원칙이 하나 있습니다. 모든 친구나 가족들은 반드시 원 밖의 사람들에게만 탄식과 슬픔을 내비쳐야 한다는 거예요. 결코 안으로 그 감정을 밀어 넣어서는 안 됩니다. 한탄하거나 울어 버리거나 짐을 내려 놓고 싶을지라도 원 안의 사람에게 해서는 안 됩니다. 안쪽을 향해서는 오로지 위로만 해야 합니다.

중요한 건 죽음이 임박한 사람의 소원입니다.

살아있는 사람이 원하는 게 우선이 될 수는 없기 때문이죠.

사실 죽어가는 이를 위해 무언가를 꼭 하고 싶다면 그만두는 게 낫습니다. 당신이 이미 잘 알다시피 그들의 소원은 흔히들 생각하는 것과는 많이 다르기 때문입니다. 사랑을 가득 담은 일이라도 친절한 행동이거나 아니면 전면 공격이 될 수 있기 때문입니다.

이제 그 일이 무엇이든 당신이 원하지 않는다면 솔직히 말을 해야 합니다.

당신이 뭘 원하는지, 무엇이 작은 위로가 될 수 있을지를요.

무엇을 원하지 않는다면 그 역시 솔직하게 말해야 합니다.

그들이 해 주는 것들이 얼마나 의미 없어 보이는지, 얼마나 위로가 되지 않는지를요. 침묵은 안 됩니다. 침묵 속으로 도망가지 마세요! 사람들은 당신이 죽을 것이라는 사실을 받아들이기까지는 시간이 좀 걸립니다.

4
어쨌든
당신이 바라는 것보다는
일찍 죽게 될 것입니다

안심하고 용기를 내보세요. 의사들에게 물어보십시오. 그들은 어차피 당신이 무엇을 물을지 알고 있습니다.

대부분의 사람이 똑같은 질문, "얼마나 더 살 수 있나요?"를 묻습니다. 이 질문에는 여러 종류의 대답이 있습니다.

분명한 대답, 애매한 대답, 진솔한 대답. 대개 의사들은 매우 많은 통계학적인 답을 갖고 있습니다.

당신에게 시간이 얼마나 남았냐고요?

의사는 통계를 바탕으로 답을 줄 수 있습니다. 의약품의 효과, 수술의 결과, 치료의 결과, 합병증, 사망자 수 같은 걸 파악하고 있죠. 듣기에는 좀 복잡해도 사실 그리 복잡한 건 아닙니다.

그들이 당신의 뇌에서 악성 뇌종양을 발견했다고 가정해 봅시다. 악성 교모세포종은 악성 뇌종양의 가장 흔한 형태입니다. 그러니 매우 많은 정보가 있습니다. 이 정보들은 교모세포종을 앓는 사람이 얼마나 더 살 수 있는지를 알려 주죠. 특정 시점까지 살아남은 환자들의 수를 측정하여 통계를 내는데, 이걸 '카플란 메이어 생존분석 곡선'이라고 부릅니다. 점점 내려가는 계단처럼 생겼습니다. 교모세포종의 경우에는 이 곡선이 가파르게 떨어지는 낭떠러지와 비슷합니다. 2년 후면 거의 모든 환자들이 죽고 맙니다.

당신에게 시간이 얼마나 남았냐고요?

중간 부분에서 교모세포종을 앓는 환자들은 11개월을 삽니다. 하지만 통계와 개별적 사건에는 결정적인 차이가 있습니다. 당신도 11개월을 산다는 의미가 아니라는 겁니다. 어떤 이들은 진단을 받은 지 불과 몇 주 만에 죽기도 합니다. 어떤 이들은 2년을 더 살기도 합니다. 통계가 아무리 정밀해도 오로지 일어날 수 있는 가능성만을 제시할 뿐, 정확한 평균치를 제시하지 못합니다.

그래서 많은 의사가 애매한 대답을 합니다. 시점을 말하지 않고 대략의 기간을 대답하는 거지요. 짧게는 몇 달에서 길게는 몇 년을 산다고 말입니다. 진솔한 대답은 어차피 당신이 잘 알고 있을 겁니다. 어쩌면 당신은 모든 이들이 생각하는 것보다 더 늦게 죽을지도 모릅니다. 하지만 당신이 바라는 것보다는 일찍 죽게 될 것입니다.

당신은 변하기 시작합니다. 육체가 먼저 변하기 시작합니다. 느긋한 속도로는 아닙니다. 극단적이어서 마치 몸이 갑자기 불균형에 빠져 버린 듯합니다. 힘은 다 빠져나가고, 나약함이 사지를 점령합니다. 분명 당신의 몸인데도 낯설게 느껴집니다. 이런 느낌이 당신을 절망에 빠뜨립니다.

당신의 몸이 다른 때와는 다르게 느껴집니다. 말을 잘 듣지 않습니다. 죽음은 여러 가지 종합적인 증상을 나타냅니다. 그리고 어떤 증상들은 일찍부터 몰래 스며듭니다.

어쩌면 변비나 설사를 하거나, 갑자기 딸꾹질이 날 수도 있습니다. 가려움증일 수도 있습니다. 어떨 때는 피곤하기도 하고, 어떨 때는 잠이 안 오죠. 점점 자주 메스꺼워집니다. 당신은 지쳐서 허약해져 버립니다.

그 모든 것들을 의사들은 '증상의 부담'이라고 부르죠. 적절한 표현입니다. 당신을 그토록 무겁게 누르는 것은 통증만은 아닙니다. 당신 몸을 더 이상 믿을 수 없다는 깨달음이 찾아옵니다. 그래서 지금까지와는 다른 방식으로 몸에 주의를 기울이게 됩니다. 커다란 의심을 하면서 말이죠.

죽음의 첫 증상이 나타난 사람들은 이 쇠락을 이렇게 말합니다. '어느 날 아침 거울을 보면 도무지 내가 알지 못하는 낯선 이가 보인다고. 몸이 변화하고, 그 안에 살던 인간도 몸과 함께 변한다'고요.

슬픔이 생활에 침투합니다.

당신은 마지막으로 바다에 갔던 겁니다.

마지막으로 산에 갔던 거예요. 일터에서 차를 운전하고 사
랑하는 사람과 잔 것도 마지막이었습니다.

마지막 눈.

식당에서 받은 마지막 영수증.

당신 머리 위로 뜬 마지막 달.

당신의 재능을 마지막으로 발휘한 것이에요.

어쩌면 그 많은 것을 더 이상 체험하지 못하게 될 거라는 걸
깨닫고는 완전히 허물어져 버릴지도 모릅니다. 크리스마스, 손
자의 생일, 앞으로 생산될 미래의 와인들, 당신 딸이 어떻게 걸
음마를 시작할지, 아들이 어떻게 말을 배울지, 딸의 입학식, 아
들의 첫사랑, 당신 소원이 이루어지는 것, 아무도 모르는 당신
만의 소원. 다음번 월드컵, 누가 오스카상과 노벨상을 받을지,
다음 해 여름의 태양을요.

어떤 형태로든 슬픔은 찾아오겠지요. 지극히 자연스러운 겁
니다. 어디로 가고, 무엇을 하든 죽음이 그림자를 드리우겠지
요. 그리고 그 때문에 삶의 아름다움은 더 강렬해집니다.

이제 당신의 죽음에 대해서 생각할 시간이 되었습니다. 너
무 서두르지는 마세요. 그냥 생각해 보세요.

마지막으로 하고 싶은 건 뭔가요?

나와 다른 이들에게 어떤 소원이 이뤄져야 할까요?

어떤 준비를 해야 하죠?

그래요. 하지만 이것만은 잊어버리면 안 됩니다. 죽음 직전의 시간과 죽음 뒤의 시간을 준비해야 한다는 것을요.

이미 누군가는 일찍부터 준비를 시작합니다. 인생의 중턱에서 말입니다. 또 누군가는 늦게 혹은 위기나 병을 면전에 두고 준비를 하기도 하죠.

어쨌든 죽음을 준비하는 건 정말 중요합니다. 준비해 두지 않는다면 죽음이 임박한 나 자신 그리고 내가 죽은 뒤에도 나를 돌봐 줘야 하는 사람들이 어려움을 겪게 됩니다. 의사나 장의사나 운구자나 가족이나 친구들이 당신이 무엇을 하고 싶은지 모르면 그들은 해 줄 수가 없습니다.

준비에 많은 것이 필요하진 않습니다. 환자처분서, 사후 방식, 유언장 이 세 가지만 있으면 됩니다. 살아 있는 사람들에게 쓰는 글이지만 내가 죽은 후의 관점에서 써야 합니다. 환자처분서라는 게 가장 까다롭습니다. 이 서류는 더 이상 의사 표현을 할 수 없을 때를 대비해서 자신의 의지를 미리 말해 놓는 것입니다.

여기서 까다로운 점은 환자처분서는 당신이 분명하게 명시한 상황에서만 유효하다는 것입니다. 걱정하지 마세요. 법무부,

의사협회, 복지단체에서 서식을 마련해 두고 있거든요. 그걸 쓰면 됩니다. 예를 들면 병의 마지막 단계에서 의사가 해야 할 일 혹은 하지 않아야 할 일, 죽은 뒤에 어떤 일이 이뤄져야 하는지 등입니다.

당신은 의사들이 어떻게 해 주길 바라나요?

아니면 무엇을 절대 하지 않기를 바라나요?

기계적 인공호흡?

강제 영양 주입?

그들이 당신 목숨을 그 어떤 경우에라도 연장해 주길 바라나요? 핵심으로 들어가면 대답하기 어려운, 하지만 아주 단순한 질문을 다루는 것이죠.

그런 문제를 결정해야 한다는 건 매우 힘든 일입니다. 자신의 죽음을 완전히 세부사항까지 자세히 생각해 보는 것이기 때문입니다. 이때 도움이 되는 건 스스로의 삶에 대해 질문을 던지는 것입니다.

삶에서 당신에게 가치 있는 것은 무엇인가요?

만족하고 있습니까?

가능하면 오래 살고 싶은가요?

아니면, 삶의 질이 사는 기간보다 더 중요한가요?

지금까지 당신은 병이나 고통을 어떻게 대했나요?

지금까지 사별한 사람들의 죽음을 어떻게 대했죠?

그때 무엇이 도움이 되었죠?

다른 이의 도움을 받을 수 있나요?

다른 사람에게 부담이 될까 봐 두려운가요?

왜죠?

이런 질문들이 당신이 살면서 지켜 온 가치들을 드러내 줍니다. 그 질문들에 대한 대답들을 적어 보십시오. 그 대답들을 당신의 환자처분서에 붙여 두세요. 그게 나중에 당신 곁에 있는 사람들에게 도움이 될 것입니다.

의사들은 당신이 미처 생각해 두지 못한 상황이 왔을 때 당신이 적어 놓은 말들이 품은 가치들을 바탕으로 결정을 내릴 겁니다.

죽음에 대해 생각하는 동안 무엇인가 의심이 드는 것이 있다면 당신이 신뢰하는 의사와 이야기를 나누십시오.

많은 사람이 이 서류와 주검전권위임장을 결합해서 준비합니다. 그리고 믿을 만한 사람들을 대리인으로 임명합니다. 스스로 더 이상 결정할 수 없을 때 대리자로서 결정을 내릴 수 있도록 하기 위함이죠. 이런 서류들이 필요 없다고 생각하는 사람도 있는데 그건 운명이 좋은 쪽으로 흘러가기를 믿기 때문입니다.

현재의 죽음은 비상시에는 인권도 포기합니다. 하지만 죽음은 오래된 것입니다. 애초부터 죽음은 모든 생명체에게 닥치는 운명입니다. 죽음을 미리 준비하고 신뢰하는 것은 죽음이 인간에게 불가피한 운명임을 인정하는 것입니다. 어느 편이든 상관

없습니다.

중요한 건 당신이 죽음을 한 번 깊이 생각해 봐야 한다는 것입니다. 어떤 선행 조치를 취하느냐는 자유입니다. 이건 당신의 죽음이니까요.

그러나 당신 자신에게만 속한 죽음은 아닙니다. 나중에 장례업체 사람들이 당신 시신을 모시러 오면, 그들은 세 가지를 알고자 할 것입니다.

화장을 하나? 아니면 매장을 할 건가?

당신의 재나 시신을 어디에 묻을 것인가?

당신에게 특별한 소원이 있는가?

당신이 그들에게 이 질문들에 대한 대답을 미리 알려 준다면, 남은 사람들에게 큰 도움을 주는 것입니다. 유족에게는 당신 시신이나 장례에 대한 문제를 결정할 권리가 있습니다. 법률에 따르면 그걸 주검돌봄권이라 부릅니다. 이 권리는 범위가 넓습니다. 당신이 의지를 표명해 놓는 경우를 제외하곤 말입니다.

그러니 대략적으로라도 정해 놓는 것이 좋습니다. 장례식의 종류와 장소를 지정한 문서 한 장, 주검돌봄권리자가 다른 사람들에게 전가한 전권들, 친구들이나 장례업체들까지도 자세히 결정할 수 있습니다.

당신이 사랑하는 사람과 대화, 당신의 이별이 어때야 하는지. 그리고 무엇을 하면 안 되는지 말입니다.

무엇인가 조금이라도 평범한 것이 아니면 글로 적어 두세요.

시신을 학문의 발전을 위해 기부하고 싶다면, 해부실에 전화하는 것만으로는 충분하지 않습니다.

당신의 재가 숲이나 호수에 뿌려지기를 원한다면, 당신이 죽어가는 침대 옆에 해당 장례업체의 카탈로그를 두는 것만으로는 충분하지 않습니다.

당신이 익명의 무덤에 묻히고 싶다면 성직자에게 이야기하는 것만으로는 충분하지 않습니다. 서면으로 적어 놓아야 합니다. 그리고 반드시 서명해야 합니다. 그래야만 당신의 소원에 구속력이 생깁니다. 이 서면 진술들은 장례업자에게 맡겨 놓을 수 있습니다. 비상시에는 공증인에게도요.

유언장의 한 부분에 적어 놓는 내용은 별로 소용이 없습니다. 당신이 죽고 유언장을 열어 읽게 되는 때는 대개 이미 장례 절차가 끝난 다음이기 때문입니다.

그러니 확실히 하고 싶다면 두 가지를 다 해야 합니다. 주위 사람들과 이야기하기 그리고 서면으로 적어 두기.

더 확실히 해 두고 싶다면, 시신이 되었을 때 좋은 대우를 받고 싶다면, 장례업체를 직접 선택하는 것이 좋습니다. 가능하면 빨리요, 죽기 훨씬 이전에요.

그래, 맞아요. 방문하세요! 살아 있는 동안에 장례업자들이 당신 주검을 어떻게 처리할지 분명히 못 박아 두는 겁니다.

그들이 어떻게 당신 시신을 가져갈지, 어디에 보관할지, 염은 누가 할지, 비용은 얼마나 드는지 말이죠. 그들이 당신에게 그 과정을 설명해 줄 수 있을 뿐 아니라 그들을 검증해 보는 일이기도 합니다.

방문할 때 벌써 신경질적인 모습을 보이는 장례업자라면 당신이 죽고 난 후에도 주검을 성의 없이 대할 것입니다. 당신을 진지하게 생각하는 업자라면 당신 주검도 정성으로 대하겠죠. 그걸 단지 사업으로만 생각하지 않는 장례업자를 찾으세요.

어떤 사람들은 당장 모든 것을 정해 놓기도 합니다. 그들은 미리 장례업자를 정해서 용역 계약을 마치고, 그 안에 장례 절차의 계획과 지시 사항을 규정해 놓고, 필요한 비용을 남겨 놓습니다. 이때 장례업자가 사망비용 보험과 같은 복잡한 특별 상품을 제시할지도 모릅니다. 보통 이런 보험은 이로운 경우가 드뭅니다. 비용을 지금 더 미리 내라는 말도 하겠죠. 하지만 그러면 안 됩니다. 장례업자가 파산 선언을 하면 미리 낸 돈을 다 날리니까요. 그래서 소비자보호협회는 돈을 신탁계좌에 넣어 놓으라고 권합니다.

세부적으로 어떻게 결정하든 당신의 의지가 죽음을 넘어서까

지 영향력을 미치도록 한다는 점만은 마찬가지입니다.

여기에 하나의 유혹이 있습니다. 죽음에 지나치게 사로잡혀서 본인의 장례식을 마치 무대에 올리는 연극처럼 상세히 규정하는 사람들이 있기 마련입니다. 관은 무엇으로 하고, 옷은 무엇을 입어야 하고, 다른 사람들은 또 무엇을 입어야 한다. 어떤 묘지에, 어느 무덤에, 어떤 묘석을 써야 하고, 어떤 꽃을 쓰고, 어떤 노래를 불러야 한다 등.

누가 말을 하고, 누가 하지 않는지. 어떤 초를 쓰고, 손님은 누가 오며, 화환은 어떻게 꾸밀 것인지. 관 옆에는 어떤 사진을 놓고, 부고장에는 어떤 사진을 담을 것이며, 문상객 식사는 어디에서 할 것인지. 거기에 좌석배치와 요리 나오는 순서까지.

물론 그 모든 것을 당신이 정할 수는 있습니다. 하지만 한 가지를 기억해야 합니다.

장례식은 사실 당신을 위한 게 아니라는 사실 말입니다.
장례식은 당신의 죽음을 슬퍼하는 사람들을 위한 의식입니다.

그게 당신의 죽음을 인정하는 첫걸음입니다. 그들에게 도움이 되니까요. 당신이 그들에게 자유를 좀 준다면 그들은 당신을 위해 노래를 부를지도 모릅니다. 아니면 관 위에 편지를 써서 놓고 싶어 할지도 모르고요. 아니면 당신이 가장 좋아했던 장소에서 스피커를 통해 파도소리를 틀어 놓을지도 모르죠.

이제 유언장이 남았습니다.

이건 간단합니다. 손으로 쓰되 잘 알아볼 수 있게 또박또박
쓰면 됩니다. 맨 아래에 날짜를 적고 장소를 기입합니다. 서명
하는 것도 잊어버리지 말고요. 성과 이름을 잘 써 넣습니다. 경
험 많은 변호사들의 조언에 따르면 그 밖에 모든 내용은 가능한
한 간략하게 적는 게 좋다고 합니다. 공정하도록 노력하십시오.
아무에게도 불이익이 돌아가지 않도록 말입니다. 모든 이와 이
야기를 미리 나누어 놓는 게 가장 좋겠죠. 무덤 속에서 명령을
내릴 수는 없는 노릇이니까요.

머릿속에 하나의 질문이 맴돕니다. '왜, 왜, 왜 나인 거지?
왜, 왜, 왜. 왜 지금이지?'

거기에 대한 대답은 없습니다. 만족할 만한 답이란 어디에
도 없습니다. 다만 가장 그것에 가까운 대답을 하려는 시도가
있을 뿐입니다.

죽어가는 사람들 중에는 자신들만이 죽는 것이 아니라는 사
실을 위로로 삼는 이들이 있습니다. 부모가 죽었던 것처럼, 조
부모가 죽었던 것처럼, 또 그들의 부모가, 그들의 조부모가, 맨
꼭대기 조상까지도 모두 죽었던 것처럼, 그들도 죽어가는 것이
라고 말입니다.

인간의 역사는 8,000세대 정도까지 거슬러 올라가는데, 지

금까지 지구상에서 죽어간 인간들의 수를 2천억 명 정도로 추산합니다. 이제 당신 차례입니다.

어떤 사람들은 곰페르츠(Theodor Gomperz, 오스트리아의 언어학자이자 철학자-편집인 주)의 죽음의 법칙에 기반을 둔 통계학으로 위로를 삼기도 합니다. 즉 서른 살이 되면서부터 인간은 8년에 한 번씩 바로 다음 연도에 죽을 확률이 두 배로 높아진다는 것입니다.

그렇게 본다면 40세에 죽는 것은 불행이고, 60세에 죽는 것은 운명이겠지만, 70세를 넘기기만 하면 통계학적으로 볼 때 (매우 오래 산 것이므로) 더 이상 불평할 이유가 없다는 것이죠.

어떤 이들은 범인이라도 찾아내려는 것처럼 하기도 합니다. 담배, 술, 고기, 직장의 유해물질, '만일 이랬더라면, 혹시 저랬을 수도 있을 텐데'라는 식입니다.

또 어떤 이들은 죽음을 생물학적 의무라고 여김으로써 죽음을 파악하려고 노력하기도 합니다. 다른 이들이 당신에게 자리를 내준 것처럼 당신도 이제 자리를 내주어야 한다면서요.

어떤 이들은 신을 믿으며 위로를 구합니다. 어떤 종교든 상관없습니다. 그들은 다만 죽음이 마지막이 아니길 희망합니다. 어떤 사람들은 최후의 순간까지 죽음을 밀어내기도 하죠. '이 나쁜 죽음이라는 놈아'라고 하면서요.

어떤 길을 택하든 머릿속을 맴도는 질문은 완전히 해결이 안 됩니다. 죽어간다는 것은 합리적으로 파악할 수가 없으니까요. 죽어간다는 것은 배울 수가 없거든요.

의사들이 경험한 바로는 어떤 이들은 자신의 죽음을 잘 받아들일 수 있다고 주장하면서도, 다른 한편으로 자신과 힘겨운 싸움을 하는 경우가 많다고 합니다.

당신은 죽음에 대해 생각해 볼 수 있고 죽음에 대해서 명상하거나 철학적으로 평가할 수 있으며 그런 책들을 읽을 수도 있습니다.

죽음을 무(無)라고 단정하거나 일요일마다 교회에 가서 인간은 부활한다는 종교적 믿음을 고백할 수도 있습니다. 생각할 수 있는 모든 방식으로 죽음을 준비할 수 있지만, 결국에는 인정할 수밖에 없습니다. '나는 정말 두려워'라고요. 하지만 죽음은 이 두려움마저 당신에게서 곧 거둬 갈 것입니다.

5
죽음은
이렇게
올 겁니다

통증이 당신의 몸을 엄습합니다. 당신은 힘이 별로 없습니다. 전보다 더 자주 쉬어야 합니다. 삶과 이별을 천천히 시작하는 것입니다. 의학의 관점에서 보면 아직 죽음이 시작된 것은 아닙니다.

의사들의 말을 빌리면 '치료할 수 없는 병에 걸렸고, 이 상태가 계속되면 죽음에 이르는' 상황일 뿐입니다. 하지만 죽음의 과정이 시작되려면 아직 남았습니다. 의술은 죽음을 단계별로 나눕니다. 경계적 단계, 마지막 단계. 죽어가는 과정을 파악하기 위한 노력인 거죠. 적어도 전문용어로 말입니다.

경계적 단계란 죽음이 임박했다는 통고, 일상적 용어로 말하면 살날이 얼마 안 남았다는 뜻입니다. 마지막 단계란 죽는 순간의 죽음 그 자체를 말합니다. 당신 삶의 종말, 마지막 날, 마지막 시간, 분, 초.

하지만 이 개념들은 너무 애매하게 느껴집니다. 오히려 죽음은 몇 가지 변화들로 이뤄져 있는 것처럼 보입니다.

당신은 그중 몇 가지만 경험하게 될지도 모릅니다. 어쩌면 모든 변화를 다 겪을 수도 있습니다. 어쩌면 며칠 안에 다 겪을 수도 있고 하룻밤 만에 모두 끝날지도 모릅니다.

당신은 어떤 문 뒤의 침대에 누워 있습니다. 그 문은 어느 도시의 어느 병원이든 비슷비슷한 복도에 있는 병실의 문입니다. 당신은 도대체 왜 여기 누워 있는 겁니까? 당신은 사실 죽음이 어느 날 당신을 몰래 데려가면 좋겠다고 희망했었잖아요. 하지만 그러기에는 당신은 너무 복잡한 기계입니다. 세상 무엇보다 더 복잡합니다.

당신 몸에는 200개가 넘는 뼈가 있고 600개가 넘는 근육이 있어서 몸의 움직임을 조절합니다. 심장은 빨리 뛸 때는 1분에 100번도 넘게 뛰며 맥박이 몸 전체에 느껴질 정도의 압력으로 피를 온몸에 펌프질을 해 보냅니다.

허파는 매일 1만 리터도 넘는 공기를 들이마시고 그것으로부터 수백만 개의 폐세포들이 800리터의 산소를 빨아들입니다. 당신 뇌는 무게로 치면 3파운드도 되지 않지만 생각과 행동과 기억과 꿈을 불러내고 폭풍보다 더 빠른 속도로 신경을 통해 자극을 보냅니다.

당신은 수십억 개의 부속품으로 이뤄져 있습니다. 어떤 기계보다도 더 복잡합니다. 그런 기계가 한순간에 꺼지는 일이란 좀처럼 없습니다. 그 모든 것들은 언제나 단계적으로 천천히 꺼지기 마련입니다.

서른부터 심장의 힘이 점점 약해집니다.
마흔부터는 근육이 탄력성을 잃습니다.
쉰부터 뼈의 밀도가 낮아집니다.
예순부터는 평균적으로 치아의 3분의 1이 빠집니다.
일흔부터는 두개골 속의 뇌가 줄어듭니다.
당신은 낡아질 대로 낡아지는 것입니다. 그러고 나면 체계는 부서집니다. 죽음 역시 천천히 그와 동시에 충분히 빨리, 그렇게 진행됩니다.

삶에 갑자기 너무 짧은 동시에 너무 긴 시간이 주어집니다. 인생이 사그라지고 있음을 느끼게 되고, 생활을 이루는 모든 행위를 더 이상 차근차근 수행할 수 없습니다.

당신은 혼자 여행할 수 있었습니다.

당신은 돈을 관리할 수 있었고 약을 먹을 수 있었습니다.

당신은 시장을 보고 음식을 만들고 씻고 청소하고 전화 통화를 할 수 있었습니다. 하지만 이제 그럴 수가 없습니다.

당신은 계단을 오를 수 있었습니다.

샤워를 할 수 있었고 머리를 빗고 옷을 입을 수 있었습니다.

걸어가거나 먹을 수 있었으며 침대나 의자에서 일어날 수 있었습니다. 화장실에 갈 수 있었고 오줌을 참을 수 있었습니다.

하지만 이제 당신은 자립적이지 않게 됐습니다.

사회적인 관점에서 보면 당신은 이미 죽었습니다.

당신이 일생 동안 무엇이었던 간에 더 이상 그 사람이 아니기 때문입니다. 죽음은 일생 동안 맡았던 역할을 내려놓게 합니다. 어떤 것들은 확 빼앗기도 하죠. 잔인하고 가차 없이.

당신은 어머니였고, 아버지였습니다. 당신은 활력이자 아름다움이었습니다. 당신은 가난했고 부자였고, 교사였거나 학생이었습니다. 능력 있는 여자였고 창조자였습니다.

부양인이었던 당신을 이제 누군가 먹여 살려야 합니다.

배우자로서 상대를 돌보며 살았는데 이제 요양인이 필요합니다. 보호자로 살았지만 이젠 보호를 받아야 할 처지입니다.

죽음은 인간을 벌거벗깁니다.
내가 누구인지 다 드러날 때까지 말입니다.

어떤 이들은 큰 충격을 받습니다. 왜 이런 당신을 보게 되었는지를 자문하게 됩니다.

죽어가는 사람들 중 어떤 이들은 처음 본 사람에게서 더 힘을 얻기도 합니다. 감추고 드러내지 않았던 감정들과 생각을 털어놓는 게 쉽다고 합니다. 가면을 훌훌 벗고 마음껏 자기 자신일 수 있는 기회.

사심 없이 자신을 맡기고, 자신의 죽음에 대해 이야기하죠. 상대가 자신의 과거를 모르고 오로지 현재만을 안다는 것이 그들을 해방시키는 모양입니다. 그들은 감추고 드러내지 않던 감정들과 생각을 털어놓습니다. 호스피스의 봉사자들도 이런 특별한 관계를 체험합니다. 죽어가는 사람들의 섬뜩한 진솔함을 말입니다.

마음껏 속마음을 말할 수 있는 기회.

아름답고도 슬픈 순간입니다. 죽을병에 걸린 사람이 마지막 시간에, 전혀 알지 못하는 남이 돌봐 주는 그런 순간에, 자신의 진짜 모습을 완전히 드러낸다는 사실이 말입니다.

죽음은 나이를 가리지 않습니다. 당신은 노인 아니면 젊은이일지도 모릅니다. 하지만 노인을 선호하죠. 독일에서 죽어가는 이들의 절반은 80세 이상입니다. 그중의 반은 긴 투병 끝에 죽습니다. 어쩌면 심장에 문제가 있을 겁니다. 어쩌면 대장암 때문에 생긴 패혈증으로 죽을지도 모릅니다. 어쩌면 암을 앓고 있지만 죽음의 원인은 혈전일 수도 있습니다. 대퇴부 골절로 오랫동안 입원한 사이 다리에 전이된 혈전 때문일 수도 있습니다.

노인들의 죽음은 여러 가지 병들의 다발성 증세입니다. 그렇게 오래된 만성병 때문에 노령의 나이에 자연스럽게 죽는다면, 그건 사실 큰 행운이라는 것을 뜻합니다.

당신은 피난을 가다가 배 난간 뒤로 떨어져 익사한 게 아니니까요. 누군가 당신을 죽인 것도 아니고, 어릴 적 요람에서 죽은 것도 아니며, 전쟁에서 전사한 것도, 전염병이나 감염으로, 재난으로 죽은 것이 아니니까요. 그래서 당신의 죽음은 질이 나쁜 죽음은 아닙니다.

의사들은 당신 주위에 있을 테고 어쩌면 당신 곁에 앉아 있을지도 모릅니다. 검진 때처럼 위에서 아래로 내려다보지 않고 가까이 곁에 있을지도요. 가족이나 요양사들도 당신 곁을 지킬 테지요. 또 의료보험에 가입돼 있어 정부로부터 각종 혜택을 받으며 치료해 왔을 겁니다. 그러니 나이 들어 죽는 건 다른 어떤 경우보다 좋은 죽음이라고 할 수 있는 것입니다.

의학 종사자들은 대체의학이라는 걸 그리 좋아하지 않습니다. 그들은 죽음이 단순히 죽어가는 이의 곁에서 할 수 있는 의학적 영역을 훨씬 뛰어넘는 일이라고 말합니다.

돌봄과 주의, 심리학과 육체 그리고 영혼 모두를 돌보는 일이라고 말입니다.

그래서 그들은 모든 것을 포괄하는 개념을 선호합니다. 영어에서 온 외래어 Palliative Care(완화적 돌봄)는 palliativ라는 개념의 어원에 큰 가치를 두는데, Pallium은 라틴어로 외투를 뜻합니다.

그리고 palliare는 '누군가를 덮어 주다', '외투를 입혀 주다'라는 뜻의 동사입니다. 이 단어를 반복해 말하는 이유는 대체의학이 환자들의 귀에 얼마나 두렵게 느껴지는지 알기 때문입니다. 그 단어가 죽음 가까이 혹은 공동묘지 직전의 정거장에 다다른 사람들에게 필요한 의술처럼 느껴지기 때문일 겁니다.

하지만 이건 잘못된 해석입니다.

대체의학은 그리 오래되지 않은 분야로 독일에서는 2009년 에야 의사 교육의 필수 과목이 되었습니다. 대학 강의에서 가르 치기 시작한 건 2014년부터입니다. 대체의학은 근치의학의 또 다른 세부 분야입니다. 책은 두 가지를 완전히 분리해서 다루고 있습니다.

완전한 회복(Restitutio ad integrum)이라고 불리고 흔히 의사들 이 하는 희망적인 정신이 반영돼 있지요. "모든 게 좋아질 겁니 다"라고 하는 의학적 출발은 매우 좋지만 한편으로 매우 불안 전하기도 합니다.

만일 어떤 사람이 더 이상 치료받을 수 없을 정도로 심하게 아프면 어떻게 될까요? 바로 이 지점에서 대체의학을 논할 수 있습니다. 대체의학은 심하게 병든 환자의 병을 완화시키고 삶 의 질을 높이려는 목적을 가지고 있습니다. 그래서 가장 최선의 경우라면 근치의학과 대체의학이 일찍부터 함께 어깨를 맞대고 환자를 치료합니다. 그건 생각보다 어려운 일이죠. 어떤 병원에 서는 두 분야가 마치 충돌하듯 대치되기도 하니까요.

의사는 어느 때부터 희망을 완전히 버릴까요?

어느 시점에 적용 가능한 모든 치료법이 소용없게 될까요?

정확히 언제 중환자는 임종 환자가 될까요?

그건 의학의 역사와 관련이 있습니다. 의술이 획기적인 발전을 이뤄 냈을 때 의학은 페니실린으로 죽음을 의미했던 병균을 무너뜨렸습니다. 예방 접종으로 홍진을 완전히 몰아냈고, 홍역, 파상풍, 소아마비까지도 몰아냈습니다. 의학이 돌풍을 일으키며 발전을 거듭할 때 근치의학 역시 기적을 이뤄 냈습니다. 외과 의사들은 가슴을 열어 심장 수술을 하고 뇌에서 암을 제거했으며 장기를 이식했습니다. 더 이상 뛰지 않는 심장도 소생 수술로 다시 살려 냈고, 허파에는 공기를 불어넣었으며, 더러운 피를 깨끗한 피로 씻어 냈습니다. 그 누구도 본 적 없는 차원으로 발전한 것입니다. 단 하나의 세대가 인간을 치료하는 능력을 이전 그 어느 세대보다 더 많이 발전시키며 그것을 체험한 것입니다.

지금 당신을 치료하는 의사들이 바로 이 세대 사람들입니다. 그들이 기억하는 한 근치의학은 승리에 승리만을 경험해 온 것입니다.

100년이 채 되지 않는 기간에 인간의 기대 수명이 두 배도 넘게 늘어났습니다. 2020년이 되면 인류 역사상 최초로 5세 미만 어린이보다 65세 초과 연령대의 인구수가 더 많아집니다. 매년 영아의 기대 수명이 한 달씩 늘어납니다. 의학의 혁명을 연구한 의사들은 '획기적인 혁명'이라고 평가합니다.

그래서 대부분의 의사들은 '그냥 아무것도 하지 않기'를 하지 못합니다. 그들은 언제나 다른 해법 한 가지를 더 준비해 두고 있죠. 한번 시작한 치료를 중단하는 걸 괴로워합니다. 중병에 걸린 환자에게 더 이상 제공할 치료가 없을까 봐 전전긍긍합니다. 그게 그들의 임무니까요. 사람을 살리는 것!

하지만 당신 같은 경우에는 사고의 전환이 필요합니다.

당신은 죽을 겁니다. 최후의 화학 요법도 소용없습니다. 마지막 수술로도 달라지지 않습니다. 의사들과 그에 대해서 이야기를 나누고 싶다면 '치료 목적 변경'이라는 마법의 주문밖에 남은 게 없습니다. 그건 '아무래도 좋다. 너희가 나를 포기해도 좋다'라는 뜻이 아닙니다.

그건 '완화 치료도 함께 생각해 줘'라는 뜻입니다.

이걸 위해서 당신은 좀 고집스러워야 합니다. 왜냐하면 당신은 여전히 병원 시스템 속에 있고 이 시스템은 정확한 계획에 따라 환자를 치료하고 병을 퇴치하는 데 맞춰져 있기 때문입니다.

사실 이런 점들, 열정들(?) 때문에 많은 비용이 낭비되기도 합니다. 자칫 의술이 병을 지배하기 위해 있는 게 아니라는 사실도 잊어버리기 쉽습니다. 원래 의술은 사람을 돕기 위해 있는 것입니다. 마지막에도, 마지막에는 더더욱 말입니다.

이들 의사들은 아직 당신에게 할 치료법들이 남아 있다고 생각하는지도 모릅니다. 하얀 무리와 당신이 더 이상 당신에 자신에 대한 진지한 대화를 나누지 않는다는 느낌이 든다면, 오직 당신의 병에 대해서만 대화를 나누고 있다면, 고집스럽게 주장해야 합니다.

그들이 그러지 못하니까 당신이 솔직하게 논의하자고 강력하게 주장해야 합니다. 당신의 의지를 분명하게 밝혀야 하는 것입니다.

그래도 의사들은 계속 당신을 위해 싸우겠다고 고집을 부릴지 모릅니다. 의사들은 싸운다는 말을 자주 쓰니까요. 그 순간에는 마치 군인들 같습니다. 단 한 명도 잃지 않겠다며 계속 투쟁하고 결코 포기하지 않으려 드니까요.

이 투쟁 정신에 문제를 제기하는 의사들은 이렇게 말합니다.

"이런 투쟁 정신은 사실, 목숨을 구하려는 모든 전투가 결국에는 질 수밖에 없는 전투라는 점을 왜곡시킨다"고 말입니다. 그래서 대체의학 전문가들은 그런 전투적인 동료들의 관점을 바꾸기 위해 한 가지 질문을 던집니다.

"만약 당신의 환자가 앞으로 열두 달 안에 죽는다면, 그게 당신에게 놀라운 일일까요?"

이 질문에 "아니요!"라고 대답한다면 이제 그들은 그 환자에게 대체의학을 적용해 돌봐야 할 시점이라고 강력히 주장합니다.

하지만 현재의 대체의학 분야는 모든 게 너무 부족합니다. 전문 교육을 받은 요양사나 의사들이 너무 부족하고, 병동과 침대가 너무 부족합니다. 이 의학의 정신에 대한 이해가 너무 부족합니다. 그래서 당신이 어떤 병을 앓고 있느냐에 따라 당신이 어떤 도움을 받을 수 있을지가 달라집니다. 어쩌면 희귀병에 걸렸을 수도 있고 이미 오래전부터 치료 중이었던 암일 수도 있습니다. 그러면 당신의 의사는 치료의 목적 외에 두 가지를 추가시킵니다.

바로 생명 연장과 삶의 질이라는 두 가지 목적입니다. 이에 관한 두꺼운·전문 서적도 있고 연구 논문들과 통계 결과들도 있습니다만 사실 그 취지는 간단합니다.

예전에 그들은 이렇게 물었습니다. "우리는 그에 맞서서 무엇을 해야 할까요?" 하지만 이제 그들은 이렇게 묻죠.

"우리가 당신을 위해서 무엇을 해야 할까요?"

그건 병을 치료하는 것을 멈춘다는 말이 절대 아닙니다. 그게 아니라 현 상황에 진정으로 알맞은 치료가 무엇일까를 묻는다는 말입니다. 이런 생각의 선두에 선 의학교수들은 '극단적인 환자 중심주의'라는 말을 씁니다.

어떤 대체의학 병동에서는 상담을 시작하기 전에 함께 시 한 편을 읽습니다. 단순히 진찰만 하는 게 아니라는 것을 표현하는 것입니다. 다른 한편으로는 엄격한 규칙이 존재하는데, 회진이 끝날 때마다 반드시 모든 임종 환자들과 작별해야 한다는 것입니다. 다음 회진 때 환자들이 이미 죽었을 경우를 대비해서 말입니다.

그들의 이런 태도는 전반적으로 드러납니다. 환자들의 욕구에 맞춰서 병동을 꾸미고 벽을 다른 색으로 칠하고, 음식도 다르게 주고, 다른 규칙을 적용하고. 무엇보다 전과는 다른 대화를 나눕니다. 성실한 태도로 남은 시간을 위해 목표와 소원이 무엇인지에 대해 허심탄회한 대화를 나눕니다. 어떤 임종 환자들은 너무 감동해서 눈물을 흘립니다. 치료하는 동안 그들이 원하는 게 무엇인지 질문을 받은 게 처음이기 때문입니다.

이런 식으로 자신을 위한 지원이나 소중한 것이 무엇인지를 생각해 보게 됩니다. 가능한 한 오래 사는 것, 가능한 한 견딜 수 있는 상태에서. 아니면 또 한 번의 수술을 감행할까? 마지막 치료에 모든 희망을 걸어 볼까? 라는 생각들 말이죠.

그건 오직 당신이 결정할 일입니다. 아무도 대신할 수 없습니다. '삶의 질이 무엇이냐'라는 질문에 제3자의 입장이라면 분명하게 대답할 수 있겠죠. 하지만 죽음을 앞둔 시점에서는 더 이상 결정적인 대답을 찾을 수가 없습니다. 죽음은 모든 것에 의문을 던지니까요.

그래서 경험 많은 의사들이 죽어가는 사람들과의 교류에서 가장 중요한 것이 겸손이라고 하는 것입니다. 그들에 대한 존중심 말입니다. 하지만 그들은 환자에게 헛된 희망을 불러일으키지 않도록 조심합니다. 적어도 너무 큰 희망을 주지 않도록 합니다. 어떤 결정을 내리든 결국 당신이 실제로 원하는 것을 얻을 수 없을 게 분명하니까요.

예전과 같은 삶,

아무 고통 없는 시간,

다시 자전거를 타고,

일하던 것들,

여행하는 일이 다시는 일어나지 않을 것입니다.

당신은 이미 그런 것들로부터 너무 먼 길로 들어섰습니다.

당신이 오래된 병 때문에 자연스럽게 죽는다면,

그건 사실 당신이 큰 행운아라는 것을 뜻합니다.

피난을 가다가 배 난간 뒤로 떨어져 익사한 것도

밤의 어둠을 틈타 누군가 당신을 때려죽인 것도

요람에서 죽은 것도 전사한 것도

아주 어릴 때 죽은 것도 아니고

전염병, 상처, 감염으로 죽는 것도 아니고

오늘도 지구상 어느 곳에선가

인간을 죽음으로 몰고 갈 재난을 당한 것도 아닙니다.

당신 죽음은 그래서 나쁜 죽음은 아닙니다.

6
당신은
죽기 때문에
먹지 않게 됩니다

어쩌면 당신에게는 당신이 죽을 장소를 선택할 가능성이 있을지도 모르겠습니다. 어떤 이들은 자신이 살던 곳에서 죽고 싶어 합니다. 집에서, 안정된 공간에서. 어떤 이들은 전문의들이 있는 병원을 선호합니다.

이때 해 주고 싶은 조언 한 가지는 '누구의 손이 당신의 눈을 감겨 줄지를 미리 알고 있는가?'라는 질문에 답을 가지고 있어야 한다는 것입니다.

당신의 미래는 매일 조금씩 점점 줄어듭니다. 이런 경우 많은 사람이 눈길을 과거로 돌립니다. 어떤 이들은 섬뜩할 정도로 자신의 삶을 자세히 묘사합니다. 어떤 이들은 마치 높은 곳에서

풍경을 내려다보듯이 자신의 삶을 이야기합니다. 그 모든 입맞춤들, 그 모든 눈물들을요.

예전에는 미처 그 의미를 몰랐던 것들을 아쉬워하게 됩니다. 얼마나 많은 꿈을 이루지 못했는지, 어떤 건 이루려고 노력조차 기울이지 않았습니다. 어떤 요양사들은 죽어가는 이들의 이런 깨달음들을 모아서 글로 기록하기도 합니다.

많은 사람이 죽음을 앞두면 다른 이들이 기대하는 삶이 아니라 자신만의 삶을 용기 있게 살 걸 그랬다고 후회합니다. 아니면 일만 너무 열심히 하지 말 걸 그랬다고 후회합니다.

좀 더 자주 맨발로 땅 위를 걸을 걸,

친구들과 우정을 좀 더 유지할 걸,

좀 더 느긋하게 살 걸,

산에 좀 더 자주 오를 걸,

좀 더 자주 강에서 헤엄을 칠 걸,

지는 해를 좀 더 많이 바라볼 걸……

어쩌면 배를 타거나 노래를 부르거나, 첫사랑을 만났던 그 나라의 언어를 배울 수도 있었을 텐데.

걱정은 좀 덜하고,

하지만 실수는 더 하고 살아도 좋았을 것을.

여행을 좀 더 자주 갈 걸,

사람들을 더 많이 안아 줄 걸,

마음속 감정을 좀 더 드러내 보일 걸,

언제나 그들 편을 더 들어줄 걸,

살면서 좀 더 행복해했어도 되었는데…… 하고 말이죠.

어떤 병원들은 죽어가는 사람들에게 자신의 삶을 생각해 볼
수 있게 해 주는 질문들을 던집니다.

무엇이 중요한가?

당신은 일생 동안 어느 때 제일 활력을 느꼈는가?

당신이 자랑스러워하는 것은 무엇인가?

무엇을 다하지 못했는가?

당신이 남기고 갈 사람들에 대해서 어떤 희망과 어떤 소원
을 품고 있는가?

어떤 충고를 하고 싶은가?

당신에게서 무엇을 오래 기억했으면 좋겠는가?

사실, 이제 죽어야 한다는 것을 자각한다는 건 별로 좋은 일
은 아닙니다. 더 나쁜 것은 다 살지 않았는데도, 이제 죽어야 한
다는 것을 깨닫는 거겠지요.

그러면 억눌렀던 갈등들, 깨져 버린 인간관계들, 놓쳐 버린
기회들, 지키지 않은 약속들, 낭비한 세월이 때론 더 고통스러
운 경우가 많습니다.

죽음이 임박하면 여러 원천에서 고통이 생겨납니다. 의사들
은 이 고통을 네 가지로 구분합니다. 육체적, 사회적, 영적, 심
리적 고통으로 말입니다.

육체적 고통이란 말 그대로 육체의 고통입니다. 사회적 고통이란 마음으로 스며드는 절망, 어디에서 죽을지, 누가 임종을 지켜 줄지, 남은 일들이 어떻게 되는지, 그런 것들에 대한 고통입니다.

영적인 고통은 의미에 관한 질문들, 죽음이란 게 왜 있는 건지, 왜 하필 나인지, 사후에는 무엇이 기다리고 있는지, 사후라는 게 정말 있기나 한 건지에 대한 의문의 고통입니다.

심리적 고통은 두려움입니다. 고통을 당할까 봐 두려운 것입니다. 외로움 앞의 두려움, 불확실성 앞의 두려움, 혼자인 것에 대한 두려움입니다. 두려움은 죽음의 결정적인 요인들 중 하나입니다. 두려움은 통증을 증가시킵니다.

폐가 작동을 멈추면 의식을 잃을 때까지 핏속에 이산화탄소가 늘어나는데, 이런 일은 수면 상태에서 일어납니다. 결국 질식사로 죽는 것을 두려워할 필요가 없다는 말이죠. 의식을 잃은 후에라야 당신은 산소 부족으로 죽게 되니까요.

실제로 경험할 가능성이 있는 것은 호흡 장애 정도입니다. 하지만 호흡 장애는 실제로 공기를 공급받지 못해서 겪게 되는 경우는 거의 없습니다. 오히려 그 두려움이 호흡 장애를 일으키거나 유발하는 것입니다. 패닉 상태가 되면 숨을 헐떡거리게 됩니다. 그러니 가능한 한 침착함을 유지해야 합니다.

주변의 사람들도 고요하게 함께 호흡을 한 뒤 환자를 자리에 앉히고 창문을 열어 환기하는 것만으로도 충분할 때가 많습

니다. 창문을 통해 들어온 시원한 공기가 얼굴에 닿습니다. 이
때 말초 신경이 산소와 만나서 호흡을 다스려 줍니다. 손선풍기
만으로도 효과가 있습니다.

통증의 고통도 마찬가지입니다. 통증은 죽음의 모든 영역에
서 의사들이 가장 잘 다스릴 수 있는 대상이니 걱정하지 않아도
됩니다. 의사들은 애초에 통증에 관한 면밀한 분석을 합니다.
주된 통증이 무엇이고, 무엇이 통증을 유발하는지, 다른 부위
로 옮겨가기도 하는지, 통증의 기간과 강도, 통증의 느낌, 누르
듯 아픈지, 찌르르 아픈지, 살을 베이는 듯 아픈지, 쑤시듯 아픈
지, 콕콕 찌르는 듯 아픈지, 묵직한 느낌인지, 아니면 타들어가
는 느낌인지. 그것도 아니면 무언가에 쏘인 듯한 아픔? 날카로
운 느낌? 은근한 복통? 혹은 폭발적인 아픔인지, 통증의 부위가
어디인지까지 세세하게 말입니다.

어떤 이름으로 통증을 부르든 그들은 원인을 없애려고 노력
할 겁니다. 그들은 정확히 당신과, 당신이 느끼는 통증에 맞는
진통제로 재단하려고 노력할 겁니다. 그들은 통증을, 그것도 아
주 잘 완화할 수 있습니다.

하지만 통증을 예외 없이 완전히 물리치는 건 어려운 일입
니다. 그렇다 해도 당신이 바라는 게 무엇인지를 이야기하는 게
도움이 됩니다. 당신은 통증 없이 밤새 잠을 푹 자고 싶다고 생
각할 수도 있고, 아니면 낮 동안 계속 따라다니는 성가신 통증

이 없었으면 좋겠다고 생각할지도 모르죠.

모든 게 이상적으로 진행된다면 이 통증들은 대개 한계치를 넘어가지 않습니다. 문제는 이 통증들이 가끔은 넘칠 수도 있다는 겁니다. 그들은 효과 빠른 진통제를 추가로, 하지만 소량으로 처방합니다. 이를 '필요처방'이라고 합니다. 하루에 이걸 몇 번이라도 받아야 한다면 그들은 당신의 기본 투약 자체를 필요 투약량만큼 강화합니다.

이런 식으로 조금씩 통증에 맞춰 조절합니다. 언젠가 험한 폭풍우가 올 경우를 대비해 진통제의 양을 조절하죠.

어떤 진통제는 씹는담배처럼 입술 아래에 놓습니다. 어떤 것들은 막대 사탕처럼 손잡이를 잡고 빨아먹기도 해요. 피부 아래 통증 펌프로 투약하는 것도 있고 척수로 직접 투여하는 것도 있습니다.

물약도 있는데 그건 저녁에 소주잔 하나 정도되는 양을 담아서 침대맡 탁자에 놓아둡니다. 갑작스럽고 심한 통증에 적당한 처방입니다. 스프레이 형태의 진통제는 뇌에 즉각적인 효과를 주기 위해 지용성으로 만들어졌습니다. 이 진통제는 단 몇 분 만에 효과가 납니다.

견딜 수 없을 정도로 심한 통증을 느끼고, 당신이 원하는 경우 의사들은 당신에게 투약하는 진통제 양을 더 많이 늘릴 수도 있습니다. 그렇게 되면 당신은 더 이상 통증과 두려움을 느끼지 않는 대신 다른 것들도 모두 느끼지 못하게 됩니다. 그건 손실

일 수도 있습니다.

임종을 앞둔 사람들 중에는 마지막 순간까지도 정신이 깨어 있는 사람이 있습니다. 전부였던 이들과 손을 잡은 채 예전에 갔던 길을 걷고, 친구들을 만나거나 추억의 장소를 다시 가 보기도 합니다.

그러니 어떤 경우에라도 이런 작용에 대한 설명을 잘 들어 둬야 합니다. 이런 옵션이 있다는 것을 아는 것만으로도 두려움을 견디는 데 도움이 되기 때문입니다.

당신은 모든 힘을 동원해 방어합니다. 몸에서 힘이 빠져나가는 것 말입니다. 하지만 당신이 지녔던 힘은 마치 변절자처럼 획 돌아서 버리고 있습니다. 당신의 통제에서 벗어나고 있다는 것이 느껴집니다. 장기를 작동시키는 작은 능력들, 방광을 통제할 힘도 없어지고 있습니다.

그렇게 쇠약해지고, 자립성이 점점 없어져 갑니다. 하필이면 자주성을 매우 큰 가치로 여기는 현대 사회에서 말입니다.

그보다는 창피함이 더 무겁게 느껴집니다. 당신은 점점 남에게 의지할 수밖에 없습니다. 옷을 입을 때나 씻을 때나 볼일을 본 뒤 엉덩이를 닦을 때조차도요.

처음에는 대부분 반항을 합니다. 하지만 그 간단한 일이 결국에 너무나 어려운 일이 되고 맙니다. 당신은 어쩌면 요양사에게 화를 낼지 모르겠습니다. 가족들은 갑자기 아무것도 아닌 것에 고집을 부리는 당신을 이상하게 여기겠죠.

그들이 어떻게 알겠습니까? 모든 것이 어떤 느낌인지.

아무것도 아닌 거라고요? 그들한테는 아무것도 아닌 게 아닙니다. 문을 열어 둔 채로 두는 것 같은 사소한 일이라도 말입니다.

어쩌면 죽음을 기다리기보다 스스로 목숨을 끊는 게 어떨까 하고 생각해 볼지도 모릅니다. 죽음을 앞둔 많은 사람이 그걸 생각합니다. 어떤 이들은 매우 빨리, 또 어떤 이들은 이미 늦은 시간에 생각하고, 어떤 이들은 잠시 생각하다 말고, 또 어떤 이들은 길게 생각합니다.

어떤 이들은 삶을 귀한 선물이었다고 여깁니다. 신이 주신 선물 혹은 운명이나 진화가 준 선물이라고 말이죠. 그들은 이 선물을 버리는 것을 아까워합니다. 마지막 순간까지도요.

또 어떤 이들은 자신들은 평생 모든 것을 본인이 독자적으로 결정해 왔다고 생각합니다. 그러니 죽음이라고 그러지 못할 이유가 무엇이겠느냐고 반문합니다.

맞아요. 자신이 아니면 누가 인생의 종결을 결정할 수 있단 말입니까? 뭐라고 판단하기는 매우 어렵습니다. 자유로운 죽음이라는 게 있을까요?

하지만 의사들이 경험한 것에 비춰 보면 스스로 목숨을 끊고 싶다는 소원이 꼭 죽고 싶다는 걸 의미하지 않는다는 걸 알 수 있습니다. 그 환자도 사실은 살고 싶은 겁니다. 다만 이렇게 사는 건 아니라는 거죠.

통증이 좀 완화된 후, 두려움에 대해서 대화를 하고 그들 곁에 있어 주면 자살하고 싶다는 소원은 사라집니다. 하지만 자살에 대한 명확한 대답은 있을 수 없습니다.

이제 식욕도 점점 사라집니다. 무언가 음식다운 음식을 먹은 게 벌써 수개월 전이었던가. 제일 먼저 사라지는 감각은 후각인데, 죽는 순간보다 훨씬 이전부터 사라지기 시작해서 미각과 함께 없어집니다.

이제 맛있는 것이라곤 없습니다. 고기도 맛없고, 빵도 맛없고, 채소도 맛없고, 과일도 맛이 없습니다. 가장 좋아하던 요리도 맛이 없죠. 그중에서도 좀 오래 맛있다고 느끼는 것은 아이스크림이나 얼린 과일입니다. 요구르트가 좋다는 사람도 있죠.

청어절임 한 입, 아스파라거스 한 줄기, 검은 빵 한 조각. 언젠가는 이런 작은 관심마저 사라집니다. 배가 고프지도 않습니다. 육체는 더 이상 뭘 원하지 않습니다. 더 이상 필요하지 않으니까요.

곁에 있는 사람들에게는 당신이 더 이상 먹지 않는 것이 큰 상처가 됩니다. 뭘 먹는다는 행위는 당신을 잃지 않으리라는 가장 명확한 상징입니다. 그런데 바로 그 마지막 상징이 사라지는 것입니다. 사실 많은 가족이 그것을 견디지 못합니다. 당신이 떠난다는 것. 그것도 영원히.

그러면 위태로운 작용이 일어납니다. 당신을 잃게 된다는 두려움에 가족들은 주사를 놓아야 한다거나 그게 무엇이든 시도해 봐야 한다고 생각합니다. 그런 것을 투입하는 것은 중대한 문제입니다. 관으로 투입되는 음식이란 액체 형태의 유동식을 말합니다.

당신은 먹지 않아서 죽는 게 아닙니다.
당신이 죽기 때문에 먹지 않는 것입니다.

당신은 이제 입으로 숨을 쉬기 시작합니다. 말을 하기가 어려워지고 당신의 목소리는 호흡처럼 들립니다. 당신이 무엇인가를 마지막으로 마쳐야 한다면 바로 지금 해야 됩니다. 앞으로 더 쇠약해질 것입니다. 그러면 기회가 없습니다. '용서할게, 미안했어, 사랑해, 고마워, 잘 있어'라는 말을요.

그건 당신이 꼭 해야 하기 때문은 아닙니다. 오히려 죽음을 가까이 지켜보는 일을 하는 사람들은 달콤한 화해를 그리 높게 평가하지도 않습니다.

수년 동안 갈라놓았던 틈을, 마치 죽음이라는 최정상에서 화합이라도 할 것처럼 하는 화해. 아름다운 죽음으로 절정을 맞는 찬란한 종결. 그런 생각은 오로지 건강한 상태에 있는 사람들만 할 수 있는 상상입니다.

하지만 죽음은 결코 아름답지 않습니다.

죽음은 힘들고 고통스러운 것입니다.

그러나 죽음은 삶의 한 부분입니다.

죽어가는 사람도 산 사람도 그걸 인정하기는 쉽지 않습니다.

인간이 인간다운 것에는 고통도 속하고, 통증도 속합니다.

물론 말로 하기는 쉽습니다. 하지만 그걸 지켜보는 건 어렵죠. 죽어가는 사람을 많이 본 사람들에게도 결코 쉬운 일이 아닙니다. 그렇다해도 고통 가운데서 인간의 존엄성을 체험하는 것만큼은 위로가 됩니다.

병이 깊어지고 죽음이 목전에 다다라 고통이 잦아들면 누구든 의기소침해져 숨으려고 듭니다. 친구 앞에서든 타인 앞에서든 지금 이 모습으로는 자신을 내보일 수 없다고 합니다.

육체가 황폐해집니다. 힘이 다 빠져나가죠. 탄력 없는 엉덩이에는 기저귀를 차게 됩니다. 누군가에게 내가 아무 가치 없는 물건처럼 보일까 봐 전전긍긍합니다. 죽어가는 사람 중에 많은 사람이 '죽음은 자신을 벌거숭이로 만들고 개인적인 깊은 치부까지 드러낸다'고 말합니다.

자신이 아무런 결정권 없이 완전히 다른 힘에 맡겨져 있기 때문입니다. 상처를 받을까 두렵고 상처를 줄까 무섭고 소중한 이들을 힘들게 할까 두렵습니다.

조금이라도 힘이 남아 있다면 가족들과 그 감정에 대해서 이야기를 나누는 건 매우 좋은 일입니다. 대화를 통해 당신이 어떤 걸 꺼리는지 그들도 알게 됩니다.

어떤 이들은 죽음이 임박하면 혼자 있고 싶어 합니다. 그들은 벽 쪽으로 돌아눕고, 가족들은 거기서 그의 마지막 바람을 읽을 수 있게 됩니다. 견디기 힘들어하는 그 마음을 겉으로 내비치는 것이지요. 특히 여러 사람이 지켜보는 자리에서는 더더욱 그렇다고 표현하는 것일 수 있습니다.

그럴 때 요양사가 큰 도움이 됩니다. 그들은 다른 이들의 시선을 차단해 줄 겁니다. 하지만 어쩌면 당신은 다른 이들이 당신을 보는 것을 허락할지도 모릅니다. 당신의 자식들, 친구들, 가까운 가족들이겠지요.

많은 이가 사랑하는 사람이 죽을 때라야 삶과 죽음을 진지하게 생각해 보는 기회를 갖습니다. 그렇다고 억지로 용감한 태도를 보여야 한다는 뜻은 아닙니다. 오히려 그 반대입니다. 죽음 그 자체로 충분합니다. 당신의 모습 그대로 말입니다. 곁에 있는 이들도 언젠가 한 번은 죽을 테니까요.

이제 허약해진 몸은 자꾸 잠을 자게 만듭니다. 점점 더 자주, 점점 더 길게. 모든 게 너무 힘듭니다. 대부분은 입으로 숨을 쉬기 때문에 입안 점막이 바짝 말라 침을 삼키는 것조차 쉽지 않습니다.

목구멍이 유리 파편처럼 건조하고 혀가 목구멍에 달라붙습니다. 목이 마르다고 느끼지만 마시는 것도 먹는 것과 마찬가지입니다. 이미 그런 욕구의 영역에서 벗어난 상태니까요. 그저 느낄 뿐.

얼마 전까지만 해도 의사들은 주사를 놓아 주었습니다. 하지만 이제, 삶의 유지를 위해 끊임없이 움직이던 장기들은 와해되기 시작했습니다. 순환계는 피를 신체의 핵심 부분에만 집중해서 보냅니다. 최소한의 피를 공급하기 위해 애쓰는 중이지요.

신장은 수분의 균형을 맞추는 기관입니다. 죽음이 임박하면 제일 먼저 자신의 업무를 제한하고 작동을 멈추는 장기이기도 합니다. 그래서 수분은 거의 방출되지 못합니다. 수분은 조직 안에 저장되어 있다가 허파에 들어가 호흡을 가쁘게 합니다.

그래도 물을 마실 수 있는 한 마셔야 합니다. 의사가 완전히 주사로만 처리하게 두지 마십시오.

누군가가 곁에 있는 사람은 얼린 얼음을 혀 위에 얹어 주거나 물기를 머금은 거즈를 빨게 하거나 스프레이로 입을 적시게 할 수 있습니다.

와인도 좋고 주스도 좋습니다. 산이 들어간 음료의 향기는 침샘을 자극시킵니다.

당신의 육체는 더욱더 심하게 쇠락합니다. 촛불을 불어 후하고 끌 힘도 없어진 지금. 이제 죽기 전 주변을 준비시킬 시간입니다. 특히 집에서 죽기를 바란다면 더더욱 그렇습니다.

사실 죽음은 전문의가 없어도 가능합니다. 하지만 몇 가지 준비는 큰 도움이 됩니다. 당신의 죽음 전에 친구들과 가족들이 그 과정과 각각의 시간에 일어날 일을 한번 쭉 정리해 보는 겁니다. 통증이 심해지거나 호흡이 곤란해졌을 때 어떻게 해야 하는지, 문제가 생기면 어떤 일이 일어나는지에 대해서 말입니다.

누가 언제 당신의 곁을 지켜야 하죠?

그때 어떻게 해 주길 바라나요?

약이나 진통제가 손 닿는 곳에 있는지요?

친구들 각자가 그 사용법을 모두 알고 있나요?

이렇게 자신이 원하는 것들의 목록을 적는 것이 좋습니다. 거기에 가장 중요한 약들이나 먹어야 하는 양을 적어 두고, 친구들이나 주치의의 전화번호, 비상연락망, 누가 누구에게 언제 알려야 하는지를 미리 적어 두는 것입니다.

당신의 병 때문에 일어날 수 있는 급박한 상황을 위한 계획 역시 큰 도움이 됩니다. 계획한다는 게 곧장 무슨 일이 일어난다는 걸 의미하는 건 아니지만, 정말로 그런 일이 일어나면 모두가 지금 무슨 일이 일어나는지, 무엇을 해야 할지를 알아야 합니다. 패닉에 빠지지 않도록 말입니다.

임종에 대해서 잘 아는 의사들은 집에서 임종을 맞는 사람들이 겪을지도 모를 일종의 사고에 대한 예를 하나 듭니다.

종양이 있는 환자들의 경우, 종종 종양이 터지기도 한다고 합니다. 갑자기 피가 너무 많이 나는 것입니다. 피를 보는 일은 끔찍하죠. 특히나 그렇게 많은 피라면 말입니다. 미리 통찰하는 사고를 하는 사람이라면 알 것입니다. 출혈이 있으면 환자의 상태가 굉장히 빠르게 안 좋아질 것이고, 곧 의식을 잃고 죽으리라는 것을요.

수술실의 수건이 초록색인 이유는, 그 위에 묻은 피가 끔찍한 빨간색이 아닌 어두운 색의 얼룩으로만 보이는 효과가 있기 때문입니다. 그렇기 때문에 언제든 종양이 터질 가능성이 있는 환자의 침대 시트는 하얀색이면 안 됩니다. 오직 초록색이어야 합니다. 그런 지식은 매우 중요합니다. 불안한 가운데서도 안정을 가져다주니까요.

이따금씩 누군가 집에서 임종을 맞으려고 하면 그 가족들이 갑자기 불안에 휩싸이는 경우가 있는데, 대부분은 마지막 순간을 경험할 때 그렇습니다. 환자의 호흡이 달라지고 손발에 온기가 가시고 얼굴이 달라지면 그들은 환자가 위험에 처했다고 생각합니다. 아무리 그가 집에서 평화롭게 죽겠다고 원했어도 소용이 없습니다. 많은 이가 곧바로 119에 전화해서 '빨리!'를 외칩니다.

그의 죽음은 이미 예상하고 있던 일이었습니다. 벌써 몇 달 전부터, 몇 주 전, 며칠 전에도 증상이 나타났죠. 마지막 순간이 오면 사실 응급차가 필요 없습니다. 환자를 다시 살리기 위해 자동심폐소생기를 가슴에 대고 사이렌을 울리며 중환자실로 데려가도 아무 소용이 없습니다.

당신은 이미 떠날 채비를 해 왔습니다. 죽음을 억지로 막는 것이 더 이상 관건이 아닌 거죠. 중요한 건 임종을 차분히 동행해 주는 겁니다. 마지막 순간까지 말입니다.

마지막 며칠 동안은 심한 불안감에 휩싸일 수 있습니다. 어쩌면 침대보를 쥐어뜯거나 옷을 다 벗어 버릴지도 모릅니다. 어떤 이는 벌떡 일어나 바깥으로 나가 버리려고 하고, 어떤 이는 자신을 덮은 모든 것들을 다 훌훌 벗어 버립니다. 그중에서도 흔한 제스처는 움켜쥐거나 허공으로 손을 내뻗는 것입니다.

어떤 임종 환자들, 그중에서도 지금까지 자신이 죽는다는 것을 인정하지 않으려던 사람들은 상징을 통해 간접적으로 표현을 합니다.

가령 어떤 여성은 갑자기 산책용 장화를 달라고 합니다. 어떤 남성은 기차를 놓칠까 봐 걱정하고요. 다른 이들은 가방에 짐을 싸고 외투를 달라고 하거나 임종의 침상에서 온 힘을 다해서 세계여행 책자를 주문하기도 합니다. 의사들은 이것을 '죽어 가는 사람의 상징 언어'라 부릅니다. 하지만 이내 그런 표현들조차 모두 사라집니다. 그럴 힘조차 없어지니까요.

의식이 표류하기 시작하기 때문에 주위의 사람들은 환자를 잠에서 깨우기가 점점 더 어려워집니다. 맥박이 느려지고 소변이 줄어듭니다. 더 이상 메스꺼움을 느끼지 않고 구토도 줄어듭니다. 몸은 통증을 완화시키는 신경 전달 물질을 방출합니다.

가끔 사람들이 임종 직전에 잠시 확 살아나는 듯 보이기도 합니다. 모두가 깜짝 놀라게 말입니다. 별안간 다시 살아나는 것입니다. 정신이 너무나도 또렷합니다.

며칠 전부터 임종을 앞둔 어느 젊은 여성은 아무 일 없었다는 듯 노래를 부르기도 합니다. 오랫동안 의식이 완전하지 않았던 아이는 의식을 회복하고 부모님께 자신이 곧 죽을 거라고 알립니다. 어떤 할아버지는 혼수상태에서 깨어나 손자들의 안부를 묻고 농담을 하기도 합니다.

이런 현상은 다른 이들을 고민에 빠뜨립니다. 임종을 앞두고 나타나는 이런 현상들은 설명이 불가능합니다. 어쩌면 그건 육체가 겪는 쇠락의 생물학적 작용일지도 모릅니다. 어쩌면 영혼이 이루는 기적일지도 모르고, 이성의 기적일 수도 있지요. 정확한 것은 아무도 모릅니다. 인간으로서는 완전히 알아낼 수 없는 신비한 영역이겠지요.

그러다 이내 갑작스럽게 속눈썹을 다시 올려 뜨기 힘들 정도가 됩니다. 노래를 부르던 여자는 노래를 멈추고 아이는 코마 상태에 빠집니다. 할아버지는 곧 기절합니다. 깨어났던 것만큼이나 갑작스럽게.

당신 자신이 마치 멀리 있는 것처럼 느껴집니다. 아주 멀리.

의사들은 이럴 때 '흐릿해진다'라고 표현합니다. 의식을 잃는다는 말이 아닙니다. 아직 잘 들리니까요. 눈물을 글썽거리며 당신을 부르는 음성들. 누군가 당신을 쓰다듬으면 당신의 피부 역시 아직 그것을 느낍니다.

하지만 당신의 육체는 너무나 쇠약해지고, 정신은 멍해집니다. 어떤 요양사들은 이렇게 흐릿해지는 것을 두고 '저승 쪽으로 떼는 한 걸음'이라고 말하기도 합니다.

이때 죽음을 앞둔 사람들은 다른 사람의 눈에는 보이지 않는 어떤 존재들을 보는 것 같다고도 합니다. 어떤 여자는 보이지 않는 갓난아기를 안기도 합니다. 나중에 그녀의 남편이 말하기를, 그녀는 초산 때 사산을 경험한 적이 있다고 합니다.

오랫동안 노숙 생활을 했던 남자는 애원할 새도 없이 경찰이 집 안으로 들이닥치는 장면을 봅니다. 또 다른 이는 어릴 때 돌아가신 어머니의 향수 냄새를 맡기도 하고, 거의 100세가 다 된 할머니는 방의 빈 구석을 향해 인사를 건네기도 합니다. 거기서 수십 년 전에 죽은 여동생을 본 것입니다.

죽음을 의학적 현상으로만 보는 의사들은 그런 현상을 섬망 증세 또는 병적이고 혼란스러운 상태로 봅니다. 또 다른 이는 판단을 내리기를 꺼리는데, 죽음 앞에서 과학적인 인식의 한계에 도달했다고 보기 때문입니다.

이게 죽음이라는 주제의 근본 문제입니다. 이런 죽음의 과정을 스스로 이야기하거나 판단하거나 사고할 수 없고 언제나 외부 사람들이 그들을 보고 짐작하는 추측일 뿐이라는 거지요. 외부자의 관찰을 통해 얻은 지식이 많으니까요.

이제부터 당신은 홀로 자신을 대면하게 됩니다. 외로울 거라는 말이 아닙니다. 주위에는 친구들이 있을 수 있고, 가족도 있습니다. 그래도 마찬가지입니다.

당신은 홀로 죽는 것이니까요. 혼자 숨을 쉬어 왔듯,
혼자 꿈을 꿔 왔듯 말입니다.
죽음에는 시간이 필요합니다. 죽음은 절대 서두르지 않습니다.

그래서 사람들은 당신의 옆에 앉아 그냥 기다립니다. 이어서 무슨 일이 일어날까 하는 두려움과 마침내 지나가겠지 하는 희망 사이 그 어디쯤에서.

그들은 당신의 머리카락을 쓸어 주기도 하고 당신에게 무슨 말을 하기도 합니다. 한 시간, 한 시간이 계속해서 지나갑니다. 이제 당신은 죽을 겁니다. 하지만 아직 당신의 가냘픈 숨은 남아 있습니다. 그들은 기다리고, 당신을 만지고, 울면서 기다립니다. 당신의 죽음을요.

'삶이란 무엇인가. 나는 어떻게 죽을 것인가.'

그들은 당신을 통해 많은 고민을 하고 있습니다.

어떤 사람은 죽어가는 사람의 침대맡에서 자신이 도망갈까 봐 겁을 냅니다. 반면 본격적으로 침대 곁으로 모여드는 사람들도 있습니다. 의사들은 흔히 병이 죽음의 방향을 지시한다고 말합니다.

간에 병이 난 사람은 점점 늘어나는 기능 부전증과 함께 코마 상태에 빠집니다. 신장에 병이 난 사람은 방출되지 못한 소변이 늘어나며 죽음이 진행되고, 폐에 병이 든 사람은 혈액 내 이산화탄소가 증가해 의식 불명에 빠집니다.

병동에서는 이제 점점 더 자주 당신을 살핍니다. 아주 짧은 시간 동안이나마 죽음을 예고하는 무엇인가 다른 변화들이 나타나는지를 살핍니다.

모두가 당신의 호흡에 주의를 기울입니다. 당신은 얕은 숨을 쉽니다. 호흡이란 건 사실 굉장한 겁니다. 호흡은 무의식적으로 조절되면서도 의식적으로 조절이 가능한 것이지요. 사는 동안에는 아무도 신경 쓰지 않지만 죽음을 앞둔 이에게 그보다 중요한 건 없습니다.

호흡은 이제 새로운 패턴을 보입니다. 처음에는 깊었다가 얕아지고 그러다 멈추고, 그 상태로 얼마간 숨을 멈추고 있다가 깊은 한숨과 함께 다시 호흡이 시작됩니다. 겨울잠 자는 동물들이 이렇게 숨을 쉰다고 합니다. 그리고 죽어가는 인간도요.

당신은 호흡을 하는 동안 끙끙대고 신음합니다. 항상 그러거나 계속 그러는 건 아니지만 이따금씩 반복됩니다. 당신 옆의 누군가는 이 호흡 소리가 주는 인상에 두려움을 느낍니다. 숨을 한 번 쉴 때마다 그 안에서 고통을 느낍니다. 또 누군가는 그 숨에서 위로를 받습니다. 죽음의 과정을 옆에서 지켜 줄 수 있는 것에서요.

어떤 의사들은 당신의 상태가 의식 불명이기는 하지만 코마는 아니고, 일종의 꿈꾸는 상태라고 믿습니다. 손톱과 발톱은 푸르스름하게 변했고 어쩌면 무릎이나 뼈나 입술까지도 그럴 겁니다. 피가 몸 안에서 빨리 돌지 않는다는 증거입니다.

쇠약함이 입술을 헤벌리게 하고 뺨은 움푹 들어갑니다. 두 눈은 눈두덩 깊은 곳으로 쑥 들어가 버립니다. 코가 벌어진 입 위로 뾰족이 솟아 있습니다. 옛날 같으면 이런 모습은 의사가 치료를 멈추는 신호였을 것입니다. 이 순간부터는 사제가 작업을 넘겨받았습니다.

당신의 얼굴은 충격적입니다. 죽음이 당연한 섭리가 아니라 생활 습관을 잘못 운용해 온 결과라고 믿는 현대 사회에서는 더 더욱 충격적입니다. 젊거나 늙는 것이 자연스러운 육체의 흐름이 아니라 정신 태도에서 비롯된다고 보는 현대 사회의 시선 때문이죠.

음식을 삼키는 반사 기능은 약해져 구강 깊은 곳에 침이 고였습니다. 숨을 쉬면 공기가 그렁거리는 소리를 냅니다. 죽음의 그르렁거림.

가족들은 그 소리를 들으면 당신이 괴로워한다고 생각합니다. 요양사들조차도 그건 견디기 어려워합니다. 이건 반사 작용

같은 겁니다. 듣고, 보는 것 같은. 그르렁거리는 호흡 소리를 들으면 많은 이가 즉각 어떤 행동을 요구합니다. 요양사들은 이런 경우에 오히려 이마를 봅니다. 통증 때문에 찌푸렸는지를요.

죽음이 임박하면 이마를 찌푸리는 횟수가 점점 줄어듭니다. 이제 통증의 악령에서 벗어나기 시작한 것입니다. 이제 임종의 시간이 아주 가까워졌다는 의미지요.

당신의 얼굴, 호흡, 몸은 확실히 죽음이 바로 코앞에 임박했음을 보여 줍니다. 그런데도 육체가 얼마나 강력하게 투쟁할지 그 투쟁이 얼마나 오래 걸릴지에 대한 단서는 없습니다. 한 시간 안에 죽을 거라던 환자는 사흘 내내 죽지 않는 경우도 있고 어느 여자는 똑바로 앉아서 그렇게 생생하다가 갑자기 10분 만에 죽고 만 경우도 많습니다.

요양사들이 이야기하는 하나의 현상이 있습니다. 가끔 죽어가는 사람이 자신의 사망 시간을 조절할 수 있는 것처럼 보일 때가 있다는 겁니다. 기적은 아니지만 눈에 띌 정도로 이상한 현상입니다.

죽어가던 어느 남자가 정신이 흐릿해지기 전에 아들이, 그 것도 외국에서 오고 있다는 소식을 들었습니다. 남자는 곧 임종이 다가와 보였는데 놀랍게 상태가 호전된 겁니다. 아들은 밤새 차를 몰고 국경을 넘어와 아버지 곁에 막 도착했습니다. 아버지는 그제야 숨을 거둡니다.

이런 일이 그만큼 자주 일어나기 때문에 사람들의 입에 회자되는 것인지도 모릅니다. 워낙 이상하다 보니 살아 있는 사람들의 기억에 오래 남아 잊히지 않는 것인지도 모릅니다. 마지막 순간까지도 죽음은 예측 불가능한 현상이라는 건 분명합니다.

반대의 경우도 있지요. 한 가족이 죽어가는 여자의 곁을 밤낮으로 지킵니다. 그들은 그녀 곁에 몇 시간이고, 며칠이고, 서로 교대하면서 그녀가 혼자서 죽지 않도록 머뭅니다. 그러다 화장실에 가야 해서 한순간 그녀를 혼자 놔둡니다. 그런데 그녀는 그사이에 바로 죽습니다.

그런 일을 겪으면 가족들은 매우 괴로워합니다. 그들은 배신당했다고 느낍니다. 하지만 그럴 이유는 전혀 없습니다. 어쩌면 당신은 당신이 죽는 순간에 누군가가 곁에 있다는 것을 알고 싶어 할지도 모릅니다. 아니면 혼자 있고 싶을지도 모릅니다. 어쩌면 운명만이 결정을 내리는지도 모릅니다. 당신의 시간이 다 됐다고 말입니다. 그걸 누가 알겠습니까.

당신의 근육의 긴장이 모두 풀립니다. 눈동자는 더 이상 움직이지 않고 장기는 기능을 멈춥니다. 살아 있던 생명체가 죽은 물질로 넘어가는 극단적인 과도기입니다.

턱이 안으로 움츠러들고 공기를 겨우 한 번 훅 들이마십니다. 대개 그 후 또 한 번, 어떤 때는 두 번 숨을 쉽니다. 그러고는 정말 끝입니다. 마지막 숨을 쉰 것입니다. 목에서 맥박이 두 번, 세 번 정도 더 뜁니다. 그러고 나면 당신의 심장박동은 멈춥니다.

그건 매우 분명하고 명확하게 들립니다. 그러나 생과 사를 가르는 경계선이란, 신기루처럼 거리를 두고 멀리서 보면 날카롭게 경계가 있는 것 같아도 가까이에서 보면 매우 애매해지고 말지요.

경계를 넘는 것은 뭘까요? 호흡 한 번? 아니면 그 직후? 심장박동? 그 후의 정지 상태? 심장이 멈춘다고 해도 의술은 때때로 인간을 이 죽음의 문턱에서 다시 불러오기도 합니다.

죽음의 특징 중 하나는 죽음이 딱 어느 순간에 시작되었는지 그 정확한 시점을 규명할 수 없다는 겁니다. 그러니 심장박동이 없는 인간도 살아 있는 것입니다. 아니면 죽긴 죽었는데, 아주 죽은 것은 아닌 걸까요?

확실한 건 죽음이라는 것은 죽어가는 중간에 언젠가 눌리면서 켜지고 꺼지는, 버튼 같은 건 아니라는 겁니다.

종교의 관점에서 보면 죽음은 육체가 자신과 자신의 기능을 포기하고, 참존재 말고는 아무것도 남지 않게 되는 것, 즉 영혼으로만 존재하게 된다는 것입니다.

사람들은 눈에 보이는 죽음의 과정을 말로, 시로, 숫자로 묘사했고 보이지 않는 죽음의 시작점을 비유와 은유로 표현했습니다. 그래서 인간들이 내린 죽음의 정의들 안에는 죽음보다는 삶에 대한 내용이 더 많습니다.

아주 오래전에는 영혼이 들어 있는 곳이 심장이라고 생각했고, 호흡은 살아 있는 인간의 생명을 시각적으로 증명하는 증명서라고 믿었습니다. 그래서 호흡이 멈추면, 죽은 것이라고 했습니다.

현대의 과학자들은 심장 대신에 뇌를, 영혼 대신에 의식을 말할 뿐입니다. 인간을 인간으로 만드는 게 무엇일까요? 우리 현대인은 그걸 뇌라고 믿습니다. 좀 더 정확히 말하면 그 안에 우리가 저장한 것들, 모든 기억들, 감정, 경험, 능력입니다.

그래서 뇌 기능의 상실을 죽음이라고 선언합니다. 뇌의 활동은 심장이 정지한 후 20초에서 30초 안에 멈추게 됩니다. 어떤 연구자들은 이때 뇌가 육체로 신경 전달 물질을 내뿜는다고 합니다. 세로토닌, 엔도르핀, 도파민 같은 것들 말입니다. 사랑에 빠졌을 때, 땀 흘리며 운동을 했을 때, 섹스할 때 느꼈던 호르몬이죠.

엔도르핀이 나온다는 이론을 믿는 사람들은 거기서 죽어가는 뇌가 마지막으로 상황을 정리하기 때문이라고 합니다.

자신에게 무슨 일이 일어나는지를 절망적으로 알아내려는 노력이라는 것입니다. 죽어가는 뇌가 적절하게 생을 빠져나가려고 마지막으로 터뜨리는 아름다운 불꽃이라는 것입니다.

당신은 홀로 죽는 것이니까요.

혼자 숨을 쉬어 왔듯,

혼자 꿈을 꿔 왔듯,

그러나 죽음은 결코 서투르지 않습니다.

죽음에는 시간이 필요하니까요.

PART 2

**마침내
죽음이 왔습니다**

7
죽어가는 것처럼
죽음 역시
불분명한 영역입니다

죽어가는 사람의 침대가 주검의 침대가 되면 그렇게 고요할
수가 없습니다. 그의 한숨은 이제 들리지 않습니다. 그가 죽어
가던 모습은 모두 지나갔습니다. 살아 있는 세상에서는 흔하지
않은 이 정적.

이 정적은 임종의 순간 곁에 있던 사람들을 휘감습니다. 그
러고는 삶의 박자가 다시 제자리를 찾아갑니다. 소음들. 집 안
시계가 똑딱대는 소리. 병원 내 기계들의 둔탁한 멜로디. 복도
에서 사람들이 웅성대는 소리, 멀리서 들려오는 자동차 소리.
창문 밖으로는 새 한 마리가 지저귀고, 모든 것이 처음 듣는 것
처럼 새롭습니다. 이런 순간에 시신이 된 인간의 육체는 얼마나

부서지기 쉬운 존재로 보이는지 모릅니다. 이불 위에 놓인 손은 밀랍 같이 보입니다.

하지만 죽음이 가장 뚜렷하게 그려진 곳은 얼굴입니다. 얼굴은 그 사람이 살아 있을 때 지녔던 모습과의 유사성을 잃어버렸습니다. 일생에서 한 번도 시신을 본 적이 없는 사람이라도 금방 알아챌 것입니다.

당신은 죽었습니다. 하지만 혼자가 아닙니다. 같은 날 같은 시에 죽은 당신의 '죽음쌍둥이들'이 세상 어딘가에서 함께 죽어 갔습니다. 통계가 말해 주죠, 지구상에서 매초마다 두 명의 인간이 죽는다고 말입니다.

똑. 당신과 당신의 죽음쌍둥이.

딱. 예멘의 어느 갓난아기. 캐나다의 할아버지.

똑. 해변의 여자. 도시의 반대편에 사는 남자.

딱. 외로운 남자, 호주에 사는 아이의 엄마.

똑. 수도사와 여배우.

딱. 99세 고령할머니와 단 하루도 살지 못한 갓난아기.

똑. 갠지스 강가 농부의 아내와 안데스 산맥의 열쇠공.

딱. 여성 음악가와 지중해 어느 이름 없는 난민.

똑. 고속도로를 빠져나오려던 두 사람.

딱. 시리아에서 두 명의 병사가 죽고,

똑. 사망 번호 21, 사망 번호 22,

딱. 사망 번호 23, 사망 번호 24.

벌써 이 사망자들의 목록을 읽는 시간 동안 삼사십 명이 더 죽었습니다. 1분마다 100여 명이 죽습니다. 시간당 거의 6,500명이 죽습니다. 하루에 15만 명이 죽습니다.

각자는 저마다의 이야기가 있지만 그저 사망자들입니다.
누구나 홀로 죽는다는 것,
그의 죽음은 유일무이한 사건이라는 것!
이것이 바로 죽음의 역설입니다.

죽음이란 건 완전히 일상적인 과정이고, 그래서 세상에 그보다 더 보편적인 현상도 없습니다. 탄생처럼 죽음의 순간에도 우연히 선택된 사람들과 함께 갑니다.

저녁에 눈을 감았는데 다음 날 아침 싸늘하게 식어 버린 어느 늙은 할머니, 더 이상 암을 이겨 내지 못하고 죽은 어린아이, 인생샷을 한 방 찍겠다던 청년. 가족들에 둘러쌓인 당신.

아직 주검들은 각자가 죽은 곳에 그대로 있습니다. 하지만 곧 모든 사망자들이 같은 과정을 거치게 됩니다. 마치 지하철 노선을 지나가듯 일련의 단계들을 거칩니다. 죽음이 지나가는 길은 그리 긴 과정은 아닙니다.

주검이 가는 과정은 며칠 정도 걸릴 것입니다. 일주일, 어쩌면 일주일 반, 그보다 더 걸리는 경우는 드뭅니다.

죽음 이후와 장례식 사이에는 매우 특별한 점이 있습니다. 죽기 전에도, 죽는 도중에도 그리고 추모의 기간에도 그렇게나 면밀하고 엄격한 규범이 적용되고 철저하게 관리된 일이 없다는 점입니다.

사망 시간은 모든 게 얼마나 빨리 진행되느냐를 결정합니다. 밤? 아침? 저녁? 주말? 평일? 보통 관공서의 업무 시간 외에 일어난 사망은 시신이 가는 길에 제동을 걸거나 시간을 지연시킵니다. 하지만 사망 시간보다 사망 장소가 더 중요합니다.

사망 장소는 누가 사체를 염습하고, 어느 의사가 사체 검안을 하며, 어느 공무원이 사망증명서를 발행할지에 영향을 미칩니다. 무엇보다 사망 장소는 어떤 법률, 어떤 시행령, 어떤 묘지의 정관에 따라 당신의 시신을 처분할지를 정합니다.

독일의 경우 죽음은 주 정부의 소관입니다. 많은 주 정부가 자체적인 기본법 안에서 죽음의 세부사항을 산하 자치단체들에 위임하고 있습니다. 그래서 독일에서의 죽음은 그 어느 곳에서보다 복잡합니다. 기입해야 할 서식 용지, 규정들, 서류들 더미와 사망 장소가 망자가 가야 할 길을 지정하죠. 하지만 이 단계는 아직 멀었습니다. 공식적으로 당신은 아직 죽은 게 아닙니다.

살아 있는 사람들은 주검이 거치는 과정을 아는 이가 드뭅니다. 사망자들은 그들만의 고유한 서류를 갖고, 그들만의 의식을 치르고, 그들만의 옷을 입고, 그들만 사용하는 엘리베이터로 이동합니다. 망자들은 마치 하나의 고유한 부족 같습니다. 이 망자의 세상에 접근할 수 있는 산 사람들이란 거의 대부분 장례 전문가입니다. 하지만 그들 역시 죽음의 특정 한 구간에서만 개별적인 작업을 합니다. 그렇기에 더더욱 죽음의 전 과정을 모두 아는 이는 거의 없습니다.

그래서 그 모든 것을 담겠다는 결심을 이야기했을 때 관련자들은 열광했습니다. 오히려 이 일이 가능하냐는 질문을 받았죠. 어떤 일은 외부와 철저히 차단된 채 처리되고 모두가 숨은 것처럼 일이 진행되기 때문입니다.

망자의 곁에서 일하는 사람들은 비밀의 의무를 준수해야 합니다. 공무원은 망자에 대한 세부사항을 절대 다른 이에게 공개할 수 없습니다. 경찰과 수사관들도 마찬가지입니다. 사망 원인을 수사 중인 망자에 대해서는 더 철저히 비밀을 유지해야 할 의무가 있습니다.

수천 년 동안 주검을 다루는 일은 유족들의 일상적인 임무였습니다. 그들이 직접 시신의 머리를 빗기고, 씻기고, 옷을 입혔으며, 묘지를 파 자신들의 손으로 장례를 치렀습니다.

망자를 둘러싼 장례업자나 관료들로 이루어진 직업군은 훗날에야 생겨났습니다. 부분적으로는 150년 전쯤이 되어서야 형성됐습니다. 이 책이 만들어진 이유이며 이 책에 들어 있는 모든 내용이 실화로 채워진 이유입니다.

지금은 아침입니다. 늙은 할머니의 시신은 양로원 8층에, 어린 아이의 시신은 도시 변두리 대체의학 병동에 있습니다. 청년의 시신은 건설 현장 철조물 아래에 있습니다. 당신의 시신은 가족들 곁에 있습니다. 늙은 할머니는 침대에 누워 있습니다. 그 할머니는 20년 전부터 그곳에 누워 있었습니다. 그녀의 남편은 죽었고 오빠들도 죽었으며 자식들과 손자들은 먼 곳에 살고 있습니다. 어린 아이는 알록달록한 침대에서 아무 말이 없습니다. 젊은 청년은 퇴근하는 공사장 인부에게 발견됩니다. 당신의 시신은 집에 누워 있습니다.

주인이 육체를 떠난 뒤 모든 것이 그대로 멈췄습니다. 그 즉시 혈소판, 적혈구, 백혈구들은 아래로 가라앉고, 육체의 맨 아래 부분에 축 늘어집니다. 몸 안의 다른 종류의 액체들도 중력의 지배하에 바닥으로 떨어집니다. 세포들은 얼마간 더 물질대사를 하다가 이내 생화학적 과정을 멈추기 시작합니다.

예전의 질서가 모두 무너집니다. 시신 내부에서 일어나는 폭발적인 과정들은 외부로는 전혀 보이지 않습니다. 얼굴만이 작은 힌트를 나타낼 뿐입니다.

죽음의 시점에서 근육은 탄력성을 잃는데, 망자의 얼굴에서 그 현상이 부드럽게 나타납니다. 당신의 표정은 조금 전까지 죽음을 한껏 품고 있었습니다. 하지만 지금은 부드러워졌습니다. 그럼에도 그 어떤 근본적인 것이 변질됐다는 것만은 나타내는 얼굴입니다.

이제 중요한 것은,

지금 중요한 것은,

서둘러 급히 해야 할 일은,

무조건 제일 먼저 해야 할 일은,

없습니다.

숨을 들이마셔 보세요. 시원하게 숨을 한 번 쉬자고요. 가만히 앉아서 조용히 있어 보죠. 어쩌면 울거나 망자의 손을 잡은 채 있으면 됩니다. 다른 건 아무것도 할 필요가 없습니다. 서두를 필요가 없습니다. 일어날 일이 일어난 겁니다. 이제부터 차근차근 하면 됩니다.

당신의 몸을 빠져나간 생명은 도대체 어디로 가 버린 걸까요?

당신에게서 빠져나온 에너지는 지금 어디에 있을까요?

당신의 호흡에서 느껴지던 힘은?

많은 이가 이 신비한 현상을 설명하려고 시도했습니다. 기독교인들은 시므온의 노래를 부릅니다. 무슬림들은 죽은 자들의 귀에 종교 고백을 낭송해 주며, 영혼이 이 낭송한 것의 의미대로 육체를 벗어날 수 있도록 배려합니다. 불교 신자들은 영혼이 얼마간 계속해서 자신들을 싸고 있던 껍데기에 머문다고 생각해서 어느 시간만큼은 시신을 건드리지 않고 가만히 둡니다. 신을 믿지 않는 사람들도 이해하기 어려운 무엇인가를 감지합니다.

어쩌면 그 모든 건 사람들의 상상이라고 과학자들은 말합니다. 하지만 근본적으로 양측이 공통적으로 주장하는 게 있습니다. _누구든, 한 사람의 죽음 옆에 있는 혜택을 누릴 수 있다면 온 마음을 다해서 그 신비함을 맛보라는 것입니다._

죽음은 명확한 파악이 불가능한 영역에 속합니다.

그 점에서는 물과 같다고 할 수 있습니다. 드디어 잡았다고 생각하는 순간에 손가락 사이로 모두 빠져나가고 마니까요. 인간 역사가 시작된 순간부터 쭉 그래 왔습니다. 그들은 죽음 그 자체를 물리적인 현상으로 파악하지 못했으니까요.

죽음이란 무엇일까? 삶의 종결. 이 정의로는 뭔가 부족합니다. 삶은 무엇인가? 생명체를 생명체로 만드는 결정적인 요인이 무엇일까? 그리고 언제 그런 생명의 특징들이 종결되는 것인가?

사람들은 그것에 의지해서 죽음에 대한 깨달음을 얻습니다. 살아 있는 이들이 이 질문을 세대를 거치며 계속 생각해 왔기에 부족하기는 하지만 그래도 몇 가지 대답들이 있기는 합니다. 죽어가는 과정처럼 죽고 난 다음의 상태 역시 하나의 과정입니다. 종교와 국가, 법이 이 과정을 다르게 할 뿐입니다. 각 분야마다 죽음의 과정을 다르게 해석합니다. 죽은 이를 두고 작업하는 의사들, 법의학 의사들은 이 과정을 다음과 같이 구분했습니다. 그림을 보면 곡선이 삶으로부터 아래로 우아하게 내려오다

가 중간에서 뒤집히듯 방향을 바꾸어, 죽음으로 향하는 곡선이
됩니다.

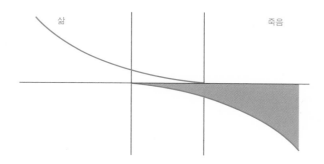

대충 한눈으로만 보면 눈에 띄는 게 없지만 두 개의 곡선,
삶의 곡선과 죽음의 곡선이 교차하지 않는다는 점을 발견할 것
입니다. 아주 잠시 나란히 병행하는 상태에서 교차할 뿐인데,
삶이 죽음으로 넘어가는 과도기 시점에서 삶은 종결되었지만
아직 완전히 종결된 것은 아닙니다. 죽음이 들어섰지만, 아직
육체 전체에 도달하지는 못한 것입니다.

죽음의 곡선은 한 지점으로부터 시작하는데 첫 번째 죽음,
즉 호흡이 멈추고 심장박동이 멈추는 것이 바로 임상적 죽음입
니다. 그러고 나서 회복할 수 없는 상태인 뇌사가 되면 현대 의
학이 죽음이라고 인정하는 상태가 됩니다.

하지만 삶의 곡선은 이 지점에서 끝나지 않고 훨씬 나중에

'생물학적 죽음'의 지점에서 끝납니다. 이게 두 번째 죽음입니다. 모든 장기들이 멈추는 단계입니다.

이런 모든 논쟁들은 죽음이라는 것을 하나의 범주에 억지로 끼워 넣기가 얼마나 어려운지를 증명하는 증명서입니다. 늘 그렇듯 현실은 이론보다 훨씬 복잡합니다.

죽음의 단계들은 서로 맞물려 진행되기도 하고 교차되기도 합니다. 세포와 조직과 장기들이 마치 정전된 것처럼 꺼집니다. 그러나 한꺼번에 꺼지는 것은 아니고, 확실한 순서가 있습니다. 그저 각각의 세포에 죽음이라는 운명이 들이닥칩니다. 가령 뇌 세포들은 무서운 속도로 죽습니다. 다른 세포들이 죽는 속도는 좀 느립니다. 완전히 기능을 멈출 때까지 몇 시간 걸리는 세포도 있고, 어떤 것은 며칠이 걸리기도 합니다.

예를 들면 연골이나 각막 세포가 그렇습니다. 불과 몇 세대 전만 해도 모든 가정들이 이런 지식의 기본 내용을 알고 있었습니다. 대다수가 집에서 죽었고, 남겨진 이들이 시신들을 다루면서 인간의 육체가 죽으면 어떻게 변하는지 알고 있었습니다.

어떤 이들은 망자 앞에서 조금 더 거기 머무르고 싶다는 평화로운 느낌을 받기도 합니다. 어떤 이들은 감정이 오르락내리락하는 동안 울고, 충격을 받거나 슬퍼하고, 홀가분해하거나 이 모든 감정을 동시에 느낍니다.

누군가는 기도를 하기도 하고 노래를 부르기도 합니다. 한

편으로는 죽음이 깃든 그 방을 어서 떠나고 싶어 하는 이도 있습니다. 어떤 이들은 지금 당장 무엇을 하려고 합니다. 그것이 무엇이든 모두 자연스러운 일입니다.

병원이나 양로원에서는 대부분 간호사나 요양사 한 명이 시신의 눈이나 입을 닫습니다. 그건 어려운 일이 아닙니다. 사실 누구나 할 수 있습니다. 딱 두 가지 사항만 명심하면요. 서두르지 말 것 그리고 꺼려하지 말 것.

사실 꺼려지는 건 지극히 자연스러운 일입니다. 시신 앞에 있다는 건 견디기 힘든 일입니다. 자연스런 일이죠. 죽음을 TV에서만 봤지, 실제 주검을 보는 것과는 전혀 다른 일이니까요.

사랑하는 애인, 사랑하는 부모와 형제, 사랑하는 자식, 오랜 친구, 그들의 목소리가 아직도 귓가에 선명하게 들리는 것 같고, 그 제스처와 시선과 향기가 기억에 아직 남아 있는데 참 기가 막히는 노릇입니다. 당황스럽고 이해할 수도 없습니다. 적어도 즉시, 빨리는 아닙니다.

이럴 때 도움되는 게 하나 있습니다. 가까운 사람이 죽었을 때는 사체를 정말로 직접 만져 보는 것으로써 죽음을 인지할 수 있다고 합니다. 보고 만지고 느끼는 거지요.

어머니, 아버지, 자식 혹은 배우자나 애인이 죽었습니다. 대개는 가슴을 부여잡고 슬퍼하는 것만으로도 족합니다. 하지만 망자의 손을 잡는 것, 그의 얼굴을 한 번 어루만지는 것, 머리카락을 쓸어 주는 것, 그것이 지금의 상황을 깨닫는 데 많은 도움이 됩니다.

그 익숙한 육체가 이상하게 낯설게 느껴집니다. 이상하게 뻣뻣합니다. 끔찍하게 물질적입니다. 그리고 뭐라 형용할 수 없이 생기가 없습니다. 영혼이 육체를 떠났다는 것을, 오직 몸만 남았다는 것을 깨닫습니다. 한번 만질 때마다 그 현실을 확실히 깨닫게 됩니다.

당신이 죽고 난 뒤, 침대 곁에 모인 사람들은 여러 가지 방식으로 불립니다. 유족, 사망신고 의무자, 주검돌봄권리자, 장례의무자, 장례비용 지불 의무자, 유언 상속자, 유산 상속자. 하지만 이런 말들은 서류에서나 중요할 뿐입니다. 당신이 행운아라면 그들은 대개 늘 같은 사람들이기 때문입니다.

가까운 사람들이 제일 처음 할 일은 눈을 감기는 것입니다. 영화에서처럼요. 죽음의 상징적 장면이 되어 버린, 손으로 두 눈을 아래로 한 번 쓱 훑으면 즉시 눈이 감기는 것은 결코 흔한 경우가 아닙니다.

일단 눈 하나를 감기고 나서 다음 눈을 감기는 게 더 간단합니다. 계속 눈을 뜨고 있다면 헝겊이나 거즈를 물에 적신 뒤 눈꺼풀을 닫고 그 위에 헝겊을 지그시 눌러 놓습니다. 이제 입 차례입니다. 시신이 입을 벌리고 있다면 손 하나를 머리에 올리고 다른 손은 턱 아래로 가져가 구강을 부드럽게 위로 밀어 입을 닫아 줍니다. 그것으로 어렵다면 만화에서 치통을 앓는 장면에 자주 나오는 것처럼 붕대로 감아 줍니다. 단 너무 강하게 묶으면 그 자국이 계속 남을 수도 있습니다.

이제 시신을 닦을 차례입니다. 많은 종교에서 시신 닦기를 누가, 언제, 어떻게 닦는지에 대해 정확한 규칙을 지키며, 가장 중요한 의식으로 여기고 있습니다. 목적은 죽은 육체를 깨끗이 씻기는 것이지만, 그 자체로도 의미가 있고 매우 중요한 행동입니다.

큰 병원들이나 요양원들에서는 아주 간단한 세수를 하고 두 손을 가지런히 모으는 정도로 끝냅니다. 시간이 너무 부족하기도 하고 비용 청구를 할 수도 없으니 장례업자가 있다면 그에게 넘깁니다. 분노할 일이기는 하지만 이런 과정이 병원이나 양로원에서만 사라진 건 아닙니다. 시신을 닦는 일은 이제 가족들조차 거의 하지 않으니까요.

사실 시신을 닦는 일은 그렇게 어렵지 않습니다. 따뜻한 물 한 대야면 됩니다. 아로마 오일 몇 방울을 물에 떨어뜨릴 수도 있겠죠. 그들이 그때 살아 있는 당신을 씻겼던 것처럼 말입니다. 미리 알아 두지 않으면 사람들을 놀라게 할 수 있는 시신만의 특징도 있습니다. 죽은 지 얼마 안 되는 경우에 가끔씩 끙끙대는 것 같은 소리가 날 수 있는데, 그건 호흡이 아니라 폐에서 공기가 빠져나가는 소리입니다. 가끔 근육이 한두 번 씰룩댈 때도 있습니다. 방귀가 나오기도 하고 방광에서 오줌이 새어 나오기도 합니다.

씻기는 동안 시신을 돌아 눕히고 싶은 사람은 두껍게 여러 번 접은 수건을 망자의 얼굴 위에 놓는 게 좋습니다. 위의 내용물이 입 밖으로 쏟아져 나올 수 있기 때문입니다. 이것도 지극히 정상입니다. 그렇게 오랫동안 삶의 의지로 움직이던 육체는 이제 오로지 자연의 섭리만을 따를 뿐입니다.

8
당신의
침대 옆이
조용해질 것입니다

어린아이의 시신이 누워 있는 방 앞에서는 아이의 부모가 초에 불을 붙이고 있습니다. 젊은 청년의 시신 옆에는 의사 한 명이 시신을 들여다보고 있을 뿐입니다. 당신의 침대 옆은 조용합니다. 가족들이 부드러운 수건으로 다리를 닦아 주고, 발가락 사이와 발꿈치를 따라갑니다.

그사이 당신의 시신은 여전히 변화하는 중입니다. 그 내부에는 피가 있고 지구의 중력의 지배를 받아 모세혈관의 섬세한 망을 통해 스며듭니다. 모세혈관은 피를 빨아들였다가 비우곤 했던 핏줄로 흘러 들어갔다가 결국에는 동맥과 정맥으로 흐릅니다. 그리고 시신의 가장 아래쪽에 고이게 됩니다. 시신이 똑바로 누워 있기 때문에 몸통의 가장 아래쪽, 목 부위, 엉덩이에 고입니다. 그래서 피부에 반점이 생깁니다.

처음에는 거의 보이지 않다가, 엷고 붉은 반점이었다가, 곧 색이 짙어지고, 반점의 크기도 커지고, 푸르스름한 보라색 반점으로 나타납니다. 이걸 시반이라고 합니다.

시반이 나타나는 시점에서 죽음은 처음으로 확실하게 존재를 드러냅니다. 시반은 **빠른** 속도로 형성되는데, 죽음이 들어선 후 반시간 만에 첫 반점들이 나타나는 경우도 있습니다. 그동안 길들여졌던 시스템이 사라집니다. 삶의 신진대사를 유지해 주던 반응들이 멈춰 섭니다. 제일 작은 세포까지도, 또는 가장 큰 장기의 내부에서도 복잡한 생화학적 순환이 멈춰 버립니다.

당신의 시신 옆, 산 자들에게는 이 과정이 보이지 않지만요. 예외가 있기는 합니다. 즉 근육만은 매혹적인 메커니즘을 따릅니다. 긴장하거나 이완하는 근육의 능력은 액틴과 미오신이라는 두 가지 단백질에 기인하는데, 이 단백질들이 근육질 안에서 서로 맞물려 들어 근육들을 수축시킵니다. 근육의 긴장을 다시 완화시키는 데는 분자 하나가 중요한 역할을 담당합니다. 아데노신삼인산(Adenosine Tri-Phosphate), 줄여서 ATP라는 분자입니다. 이 분자는 기적의 작품입니다. 에너지를 저장할 수도 있고 신호를 전달하기도 합니다. 하지만 근육 내에서 특별한 목적을 수행하기도 합니다. 바로 이 ATP가 근육질을 다시 부드럽게 이완시킵니다.

시신의 근육 속에서는 산소 없이도 에너지를 만들어 내는 과정이 일어납니다. 그건 기본이고, 살아 있는 동안 버릇이 된 반사 작용으로, 평소 상태가 회복될 때까지 저장된 에너지를 사용하려는 생의 작용이지요. 그런 희망을 가지고 세포들이 계속해서 ATP를 만들어 내는 것입니다. 분자들은 근육질을 다시 부드럽게 만듭니다. 살아 있는 장기의 신호나 자극이 없으면 그것들은 이완된 상태로 머뭅니다.

결국 당신의 사체의 근육은 축 늘어지게 됩니다. 생으로의 희망이 당신의 세포를 기만했습니다. 평소의 상태를 회복할 수 있을 리 없으니까요.

얼마간 시간이 흐른 후, 저장된 에너지도 바닥이 나고 맙니다. 더 이상 에너지가 없습니다. 에너지가 없으면 ATP도 없습니다. ATP가 없으면 이완도 없고. 근육질 내부에선 단백질들이 서로 다시 꼬여 들어서 똘똘 뭉친 상태로 머무르게 됩니다. 그래서 섬유 한 올 한 올이 당신의 근육을 뭉치게 하는 것입니다. 이 과정은 아주 천천히 진행됩니다. 하지만 당신의 옆에 있으면서 당신의 몸을 씻기는 사람들은 아마 그 첫 징후를 감지할지도 모릅니다.

시신의 눈꺼풀, 목, 구강관절이 뻣뻣해지기 시작합니다. 어떨 때는 죽은 뒤 한 시간 또는 두 시간, 세 시간이 걸립니다. 대개 이 현상은 시반보다는 나중에 생깁니다. 죽은 것이 확실하다는 두 번째 징조가 나타납니다. 바로 사후경직이 시작되는 것입니다.

이제 산 사람들이 죽은 자들에게 부과해 놓은 법률이 적용됩니다. 독일만 해도 여러 개의 법규가 있고 연방 차원에서 몇 가지가 더 있습니다. 나머지는 주 정부 차원의 법규들이 있습니다. 장례법, 사체에 관한 법률, 장례 및 공동묘지 관련 법률. 그 법률들은 시행령으로 보완돼 있는데 상세한 부분에서 차이는 있지만 공통적으로 규정하는 한 가지 사항은 모든 사망 사건의 신고 의무입니다. 그리고 즉시 검안이 시행돼야 한다는 것입니다. 양로원에서는 이런 이유로 할머니의 사망 보고서가 작성되고 있습니다. 대체의학 병동에서도 어린 아이의 죽음을 위한 절차가 진행 중입니다. 청년의 상황은 다릅니다. 죽음의 이유를 아직 아무도 모르기 때문입니다. 바로 경찰이 출동해 상황을 인계받습니다.

지금 막 생명 하나가 꺼졌습니다.

남겨진 이들은 이 사실과 싸우는 중입니다.

이 상황에 맞는 적당한 표현을 찾는다면 '추락'같은 단어가 떠오릅니다. 이런 상황에서 즉시 여러 가지 일을 해야 한다는 건 비현실에 가까운 체험입니다. 사망신고? 사체 검안? 이 무심하고 무자비한 메커니즘이란.

하지만 장례절차를 조금 더 아는 사람이라면 어떤 특정 구간에서 브레이크를 걸 수는 있습니다. 특히 사망신고가 그렇습니다. 법적으로는 평일 기준 3일로 기한을 규정하고 있습니다. 사망일부터 쳐서 말입니다. 주말이라는 유예 기간이 생기는 셈입니다.

검안 역시 서두를 것이 없습니다. 급하게 하지 않아도 됩니다. 그렇게나 정신없이 서둘러야 할 이유가 없습니다. 지금이 밤인가요? 그렇다면 아침까지 기다려도 충분합니다.

밤이라도 그렇게 서둘러야 할 이유는 없습니다. 그래도 침착하게 진행하면 됩니다. 사체 검안까지는 시간이 있습니다.

여기서 '지체 없이'라는 말은 법조인들의 용어입니다. 여러 가지 의미를 포괄하는 단어죠.

빠른 것을 말하기는 하지만 '지금 당장'이란 말은 아니고, '지체 없이'라는 말이면서도 '생각 없이 당장'이라는 말은 아니죠. 그 말인즉 그 안에 어떤 규칙이 있다는 것입니다. 행위에 대한 심사숙고를 허락합니다. '정확히 언제 그렇게 할 준비를 마칠지는 당신에게 일임한다. 하지만 당신은 반드시 해야 한다. 그것도 정해진 기한 내'라는 뜻입니다.

지금 흐르는 이 시간은 소중합니다.

당신은 평생 세상의 한 부분이었습니다.

당신의 존재는 의문의 여지가 없는 사실이었고,

당신은 친구들과 가족에게 그들의 삶의 바탕에서 소중한 사람이었고, 전화 한 통이면 언제나 볼 수 있었습니다.

하지만 이제 당신은 영원히 떠나고 없습니다.

영원히.

오직 당신의 시신만이 그들에게 남겨져 있습니다.

그리고 그 시신마저도 얼마 가지 않아서 사라질 것입니다.

그래서 지금 이 시간들이 아주 특별한 것입니다.

당신 곁에 있는 마지막 사람들,

아직도 남아 있는 유일한 사람들이니까요.

당신의 시신이 자신만의 길을 따라

망자의 세상으로 입장하기 전에 끝까지 남은 사람들이죠.

이 시간은 다시 오지 않습니다.

이 시간은 당신이 남기고 간 사람들과 함께 할 수 있는 마
지막 순간입니다. 법규와 상관없이 그들과 있을 수 있는 시간
입니다.

이건 선물 같은 것입니다.

그들은 이제 영원히 함께 있지 못합니다.

하지만 지금만은 조금 더 함께 있을 수 있습니다.

적어도 얼마간은 말입니다.

이때 알아 두면 좋을 사항이 있습니다. 누군가 시신의 옷을
갈아입히려고 한다면 지금은 아닙니다. 시신을 검안하는 의사
가 아직 다녀가지 않았기 때문입니다. 그래야 시신을 검안하는
의사가 불편을 겪지 않거든요. 또 창문을 여는 것이 좋습니다.

난방기도 꺼야 합니다. 여름이라면 선풍기를 켜 두는 게 좋습니다. 시신은 열기를 잘 견디지 못하기 때문입니다.

사망 소식을 전하는 데는 힘이 필요합니다. 시간도 필요하고요. 그래도 당신의 친구들과 친척들에게 빨리 소식을 전해 주는 것이 중요합니다. 어쩌면 그들이 작별하기 위해 이리로 오고 싶어 할지도 모르니까요. 전화상이라면 너무 장황하게 설명할 필요는 없습니다. 대개는 목소리만 들어도 무슨 일이 일어났다는 걸 알아챌 테니까요.

당신이 언제 어떻게 죽었는지를 장황하게 이야기하는 건 너무 고통스러운 일입니다. 아무도 빼먹지 않기 위한 작은 목록 하나면 됩니다.

그래요, 당신은 죽었습니다.
이제 당신은 죽고 없습니다.

가능하다면 몇 가지 서류들을 모읍니다. 신분증, 여권, 의사 진단서들. 나중에 사망진단서 서식을 채울 때 도움이 되고, 신경을 다른 데 쓸 수 있어서도 좋습니다.

시신의 손은 깍지를 끼게 하면 안 됩니다. 한 손을 다른 한 손 위에 겹쳐 놓는 게 좋습니다. 그런 일들만 빼면 이 시간은 자유시간입니다. 시신을 만져도 되고, 어루만져도 되고, 입을 맞춰도 됩니다. 꼭 그래야 하는 건 아니지만 말입니다.

어떤 이들은 시신을 피하려고 할지도 모릅니다. 그래도 괜찮습니다. 가까이 다가오는 것이나 거리를 두고 떨어지는 것이나 저절로 이뤄질 일일 뿐입니다. 어쩌면 그들은 음악을 틀고 싶어 할지도 모릅니다. 아니면 직접 연주하고 싶어 할지도 모르고요. 어쩌면 그들은 둘러앉아 당신에 대해서 이야기를 나누고 싶어 할 수도 있겠지요. 차를 마시고 싶어 하거나 맥주를 마시고 싶어 할 수도 있죠. 경험 많은 장례업자들은 말합니다. 마음을 편하게 하는 건 뭐든지 다 된다고요.

9
이제
당신의 주검을
검안할 시간입니다

이제 시간이 되었습니다. 당신의 시신 옆에 있는 사람들은 '지체 없이'라는 말이 뭘 의미하는지 감지합니다.

그게 바로 '지금이겠구나'하고요. 그들은 곧바로 당신의 시신을 검안해야 한다는 걸 알고 있습니다. 검안을 할 수 있는 유일한 사람은 의사입니다. 그러니 이제 의사를 불러야 합니다.

고속도로 양로원에서는 수년 전부터 협력해 온 작은 의원에 전화를 겁니다. 통화는 간단합니다. "의사 선생님, 검안이 가능하실까요? 내일이요? 네, 알겠습니다." 짧은 통화를 마칩니다.

대체의학 병동에서도 아이의 사망 소식이 전해집니다.

공장에서 발견된 청년의 시신은 젊은 형사와 의사가 들여다

보고 있습니다.

당신의 침대 곁에서는 그들이 당신이 살아 있을 때 잘 알던 의사의 전화번호를 누르는 중입니다. 아무 응답이 없군요. 하지만 그는 이런 경우를 대비해 주었습니다. 검안을 위해서 응급 의사를 부를 필요가 없다고요. 응급 의사는 응급처치를 위해서 일하는 사람이니까요. 하지만 예상된 죽음은 응급 사건이 아니라서 그들에게는 해당 사항이 없습니다. 그래서 당신의 가족들은 독일 전역에서 언제나 검안 의사에게 연락 가능한 번호, 24시간 내내 연락 가능한 116117번호로 연락을 합니다.

검안 의사는 택시를 타고 왔습니다. 센터에서 주소와 이름 그리고 코드를 받아서 오는 길입니다. 코드 번호 7은 통증을 표기하는 것이고, 6은 독감이나 전염병, 이런 식으로 표기됩니다. 그리고 10C. 이건 당신이 죽음의 길에서 받은 첫 번째 기호입니다. 공식적으로는 공보험 수급환자 응급 서비스라고 부릅니다. 지금 그녀에게 필요한 건 별로 없습니다. 청진기, 혈압측정기, 주사 몇 대, 약 몇 가지, 일회용 장갑, 측면 포켓에는 회색 종이 한 묶음이 들어 있습니다. 그건 사망진단서입니다.

사망진단서는 망자의 세상에서 가장 중요한 문서죠.
사망진단서 없이는 어떤 망자도 관에 들어갈 수도, 집을 떠날 수도, 운구차를 탈 수도 없습니다.
운구차에 오를 수도 없고, 여행을 떠날 수도 없고, 무엇보다도

땅에 묻히는 일은 절대 안 됩니다.

사망진단서가 없으면 망자는 아무것도 아닌 것입니다.

독일에서 이 서류는 여러 가지 형태가 있습니다. 헤센 주와 베를린에서는 그걸 검안증이라고 부르고, 튀링겐과 브란덴부르크 주에서는 정말로 사망진단서라고 부르는데, 적어도 베를린의 모든 주에서는 이 점에서 하나의 통일된 개념을 사용하고 있습니다.

하지만 이런 개념의 혼란은 작업에 방해가 될 뿐이므로 의사들부터 장례업자와 공무원들을 거쳐 운구업자들에 이르기까지 모두들 대충 줄여서 짧고 간단하게 생략부호로 부릅니다. TB라고.

TB는 특별히 교육받은 의사들에게만 주어집니다. 그들만이 검안을 실시하고 사망신고를 할 수 있게 되어 있습니다. 검안이 어떻게 상세히 이루어져야 하는지는 주마다 다르게 규정되어 있습니다. 단 한 가지만은 어디에나 똑같습니다. 지체 없이 실시할 것.

고속도로변 양로원의 의사는 G 할머니가 89세의 나이로 죽어 누워 있는 방으로 들어갑니다. 환자용 차트가 앞에 놓여 있고, 요양 보고서가 펼쳐져 있고, 서류들이 완벽히 준비된 상태로 모든 것이 잘 준비되어 있습니다.

어린이 완화의학 병동의 의사는 기록이 필요 없습니다. 그는 그 어린아이를 잘 알고 있었으니까요. 아이의 병력과 진행 상태를 줄줄 외울 수 있을 정도입니다. L. 다섯 살. 림프구성 백혈병. 그럼에도 그는 기록을 열어 보죠. 규정이니까요.

공사장의 철제물 아래에서는 검안 의사가 오로지 자신의 감각에 의지해서 일해야 합니다. 발견된 사람은 남자, 이름이 없습니다. 나이도 모르고 사연도 모릅니다.

당신의 집에서는 누군가 초인종 누르는 소리가 들려옵니다. 검안의가 도착했군요.

이 순간에는 늘 그렇듯 검안의는 긴장하고 있습니다. 이 문 뒤에서 어떤 상황이 펼쳐질지 모르기 때문입니다. 침착한 아내, 쇼크에 빠진 이웃, 울고 있는 가족들, 예측되지만 확실하게 알 수 없는 상태입니다.

오늘 당신의 집을 방문한 검안 의사는 중년의 여성입니다. 그녀는 벌써 현관에서부터 어떤 일이 그녀를 기다리고 있는지 감지하고 있습니다. 어떨 때는 모두가 격앙돼 있습니다. 어떨 때는 복도에 담배 연기가 자욱하죠. 대부분은 오래 산 낡은 주택들 특유의 분위기가 물씬 납니다. 모든 것이 다른 곳보다 어둡습니다. 벽도 불빛도. 이곳저곳에 물건도 너무 많습니다.

침실에 시신이 그림을 그려 놓은 듯한 모습으로 누워 있는 때가 많습니다. 팔다리는 지푸라기처럼 푸석푸석하고. 여윈 얼굴, 노령과 병색이 짙은 모습으로 쪼그라든 한 명의 인간.

그녀는 거기 모인 유족의 안내를 받아 망자가 어디에 있는지 묻고, 중요한 정보를 물어봅니다. 누구이고, 몇 살이며, 어떤 병을 앓았는지. 그러고 나선 망자의 침대 앞으로 갑니다. 그리고 상황, 시신의 위치, 주변 환경. 그녀는 이 순간에 가능하면 많은 것을 인지하려고 노력한다고 합니다.

두 손을 모은 채, 시신다운 모습으로 시신이 누워 있습니다. 검안이란 매우 은밀한 곳까지 들여다봐야 하는 검사입니다. 반드시 누군가가 그 옆에 있고 싶다면, 그건 상황에 따라 좀 다릅니다. 그 사람이 가족이라면 허락할 수 있습니다. 하지만 친구나 이웃, 먼 친척의 경우 거절됩니다. 살아 있는 환자에게 개인 정보에 대한 권리가 있듯, 죽어서도 마찬가지니까요.

그녀는 이 순간 늙은 교수님의 말씀이 종종 생각납니다.

"여러분, 죽음이라는 진단은 경솔하게 내려서는 안 됩니다. 그것은 의사가 내릴 수 있는 진단 중에서도 가장 중요하고 엄청난 결과를 초래할 수 있는 판단이기 때문입니다."

그녀는 그 강의의 세부사항들은 다 잊어버렸지만 그 말 하나는 절대 잊어 먹지 않는다고 합니다. 그녀는 당신의 사체의 어깨를 부드럽게 만지며, 당신의 이름을 여러 번 부릅니다. 마지막에는 아주 크게. 다음으로는 당신의 위쪽 팔을 세게 꼬집습니다. 왼쪽, 오른쪽. 당신의 사체는 미동이 없습니다. 이제 불빛을 눈을 비춰 봅니다.

당신은 평생 세상의 한 부분이었습니다.

당신은 친구들과 가족에게 그들의 삶의 바탕에서 소중한 사람

이었습니다. 하지만 이제 당신은 떠나고 없습니다.

오직 당신의 시신만이 그들에게 남겨져 있습니다.

그리고 그 시신마저도 얼마 가지 않아서 사라질 것입니다.

그래서 지금 이 시간이 아주 특별한 것입니다.

그들이 당신의 곁에 있는 마지막 사람들이니까요.

이 시간은 다시 오지 않습니다. 이건 선물 같은 것입니다.

10
하지만 아직
당신이 죽었다고
확신할 수는 없습니다

영화나 TV에 나오는 징조들, 다급한 삑 소리와 굴곡 없이
직선을 긋는 심전도 선 그리고 화면의 0이라는 숫자. 하지만 그
선조차 확실한 죽음의 징조는 되지 못합니다. 혹시라도 죽음이
의심되는 경우라면 소생술을 실시합니다. 이런 경우에 소생은
하나의 전투라고 할 수 있죠. 갈비뼈가 으스러지도록 몸을 뒤흔
들고, 아주 극단적인 조치를 해야 하니까요.

의사가 죽음을 측정하기 위해서 굳이 이 도구만 사용한다면
적어도 30분 동안 아무런 굴곡 없이 계속 직선을 그어야 합니다.
굉장히 긴 시간이죠. 이 정도의 시간이라면 경험 많은 검안의가
시신의 목에서 벌써 시반의 첫 증상을 발견하고도 남습니다.

의사들은 이것을 Livor mortis(죽음의 반점)이라는 라틴어 전문용어로 부릅니다.

이제 시신의 법적명칭이 바뀝니다. 지금까지는 인간적인 의미에서 죽어 있던 것이지만 이제부터는 의사의 관점에서 죽은 것입니다. 이제 망자의 세계로 가는 단계가 시작된 것이죠. 많은 이, 아주 많은 망자가 이날 이 관문을 통과합니다.

해변과 육지에서 수십 명이 망자가 되었습니다. 대도시에서는 수백 명이 망자가 되었습니다. 여름에는 사망 사건이 비교적 적고, 겨울에는 더 많이 죽습니다. 환절기처럼 날씨가 변화무쌍한 때에는 더 많은 사망자가 나옵니다.

그들은 살아 있을 때 젊거나 늙고 병들었거나 건강하고 가난하거나 부자이고 천대받았거나 존경받았죠. 하지만 이런 것들은 이제 아무 기준이 되지 않습니다. 오직 이 시신이 어떤 상황에 속하는지, 그것만이 있을 뿐입니다.

사후경직은 모든 근육을 예외 없이 뻣뻣하게 합니다. 너무 강하면 망자가 이를 악문 것처럼 보이기도 하고 주먹을 꼭 쥔다거나 발이 안으로 꼬여 들기도 합니다. 이 모든 것에는 시간이 걸립니다. 사후경직은 복잡한 과정이고, 물리적이고 화학적인 변화가 합쳐진 과정입니다. 기온이 낮으면 더 천천히 진행됩니다. 날이 따뜻하면 빨리 진행됩니다. 그리고 죽는 순간 애를 많이 썼다면, 사후경직이 더 빨리 옵니다. 대개는 사망 후 8시간에서 12시간 사이에 전체 몸으로 진행됩니다.

하지만 사후경직을 부술 수도 있습니다. 뭔가 폭력적으로 들리는 개념이긴 한데, 그래서 망자의 곁에서 일하는 많은 전문가는 사후경직을 부순다고 표현하지 않습니다. 그보다 '사후 경직을 푼다'고 표현합니다. 의미는 똑같습니다. 힘을 동원해서 사후경직을 극복하는 거죠. 이것 역시 사실보다 좀 더 거칠게 들리기는 합니다만.

검안은 완전히 알몸 상태에서 이뤄집니다. 그래서 두꺼운 옷이나 복잡한 옷으로 서둘러 갈아입혀서는 안 됩니다. 양로원에서는 환자용 가운을 입고 있어서 벗기기 쉽습니다.

당신의 시신은 알몸 상태로 누워 있습니다. 벌거벗은 채 알몸으로. 인상 깊은 장면입니다. 가차 없으면서도 동시에 솔직한 모습이죠.

오랫동안 아무도 이 육체를 이렇게 발가벗은 상태로, 이렇게 자유로운 상태로 보지 않았습니다. 불빛은 오직 한 명의 인간을 비추고 있습니다. 그 사람만의 고유한 특징들, 흉터들을요.

그녀는 살아 있는 사람을 진단할 때와 똑같은 순서로 진행합니다. 먼저 머리에서부터 시작하죠. 두개골을 감싸 보고, 손가락으로 머리를 쓸어 봅니다. 비정상적으로 움직이는 건 없습니다. 피가 난 곳도 없습니다.

두개골과 두피에는 손상된 곳이 없습니다. 그다음에는 귓속을 살펴봅니다. 그다음에는 핀셋으로 눈꺼풀 아래를 쭉 훑어보고 살짝 들어 올려서 각막 어디엔가 붉은 점들이 없는지 확인합니다. 붉은 점이 있다면 자연사가 아닐 수 있기 때문이죠.

이제 코를 들썩여 보고 콧구멍 안을 잠시 들여다봅니다. 목을 쓰다듬으며 주름을 평평하게 펴 봅니다. 그러고는 눈길을 몸체로 돌리고 이리저리 살핍니다. 흉부를 눌러 보고, 갈비뼈를 만져 보며 복부 위를 쓸어 봅니다. 발 하나를 들어 다리의 뼈를 누르면서 검사하고, 다른 쪽 다리도 들어서 똑같이 검사합니다. 재빠르게 발가락들을 차례로 살펴보는데, 마치 발가락 수를 세려는 것처럼 보이기도 하죠.

그러고는 팔, 손가락. 마지막으로 몸체의 뒷면을 살펴봅니다. 엉덩이, 등 그리고 다른 부위들, 몸의 모든 구멍들의 검사를 마칩니다. 그녀는 재빨리 당신의 시신에게서 벗겼던 것을 다시 입힙니다. 그리고 나서 사람들을 불러 몇 가지 질문을 합니다. 당신의 죽음에 관한 이야기가 다시 펼쳐지죠. 병에 걸렸다는 소식 그리고 모든 게 어떻게 시작되었는지. 치료를 위한 투쟁들, 의사들이 어떤 노력을 했는지. 당신이 어떻게 무너져 갔는지.

마지막에는 당신의 죽음 자체에 관해서. 어떤 약을 먹었는가? 어느 병원이었나? 의사 진단서는 어디 있는가? 그렇게 그녀가 당신의 병력을 검사합니다.

마지막에는 당신의 가족들이 찾아다 준 의사 진단서들을 속독합니다. 그러고는 고개를 끄덕이죠. 자연사임이 증명되었다는 의미입니다. 굉장한 순간이죠. 당신의 죽음의 종류가 인정되었습니다. 이로써 당신의 시신은 망자의 길에서 하나의 결정적인 분기점에 도달했습니다.

양로원의 할머니, 완치의학 병동의 어린이 역시 자연사라는 결론을 받아들였습니다. 하지만 공사장의 청년의 죽음은 다른 길을 가게 될 것입니다. 자연사가 아닌 시신으로 분류됐기 때문입니다.

자연사 여부는 망자의 세계에서는 중요한 개념입니다. 그렇다고 '자연사가 아니다'는 말이 자동적으로 범죄를 의미하는 것은 아니죠. 사고일 수도 있고 실패한 수술이나 실족사일 수도 있습니다. 자연스러운 종류의 죽음과 그렇지 않은 죽음 외에 원인불명의 죽음도 있습니다. 자연사와 자연사가 아닌 죽음 사이의 중간 형태죠.

법의학 의사는 망자가 살아 있던 것으로 추정되는 시간을 적고 죽음의 원인에 대한 의견도 함께 적습니다. 이 외에도 죽음의 종류는 자연사와 자연사가 아닌 세 번째 죽음의 분류도 있습니다. 원인불명의 죽음입니다. 검안의가 자연스런 죽음인지 아닌지 확신하지 못하는 경우입니다.

예를 들어 심장마비로 죽은 경우라면 반드시 경찰에 사건을 알려야 합니다. 이런 죽음은 유족들에게는 악몽입니다. 갑자기 사랑하는 사람을 앗아 갔으니 말입니다.

이런 경우라면 경찰이 와서 시신을 검사하고 시신 주위와 주변 지역을 조사하고 시신을 확보합니다. 장례업자가 와서 망자를 법의학 기관에 넘기려고 하니 가족들은 악몽을 꾸는 것 같습니다. 모든 것이 정신없이 돌아가고 갑자기 낯선 사람들과 이해할 수 없는 지시 사항들에 둘러싸이고 세세한 질문에 일일이 답해야 하니까요. 그들은 한꺼번에 몰려와 정신을 쏙 빼놓더니 일순간 모두 사라집니다. 시신은 가고 없습니다. 조금 전의 일이 정말로 일어난 일인가? 악몽인가? 혼동에 휩싸입니다.

이 길에서는 산 자가 망자를 직접 다시 보기란 쉽지 않습니다. 그래서 장례 관계자들은 일단 시신이 떠나기 전 어떤 식으로든 잠시 작별의 시간을 갖도록 권합니다. 다음 기회가 있기는 하지만 그때가 되면 시신은 매우 달라질 것이고 어쩌면 시신을 아예 못 볼 수도 있거든요. 그래서 그 첫 번째 작별 인사가 소중합니다. 이때는 망자가 삶과 가장 가까운 곳에 있지만 이 시간 이후로는 경찰이나 응급 요원들이 작별 인사를 하겠다는 부탁을 들어주지 않을지도 모릅니다.

이런 논리에는 뭐라 대답하기가 힘듭니다. 어쩌면 그들이 옳은지도 모르고. 어쩌면 아닐 수도 있고. 확실한 것은 이건 오로지 그들의 결정만이 아니라는 거죠.

작별 인사를 할 것인가에 대한 결정권은 마땅히 유족에게도 주어져야 합니다. 작별 인사를 하겠다고 생각한다면 고집을 좀 부릴 필요가 있습니다. 시신이 순식간에 눈에서 사라지고 난 후에 깊이 후회하는 유족들이 많거든요.

그러니 경찰관들에게 몇 번이라도 부탁을 해야 합니다. 세 번, 네 번, 다섯 번. 가능한 대로 말입니다. 적어도 한번 끌어안을 동안이라도요.

G 할머니와 L이라는 어린아이 그리고 당신, 이름 없는 청년 모두 길을 떠날 채비를 마쳤습니다. 죽음의 종류가 정해지는 순간 엄격하게 정해진 과정대로 진행되기 시작합니다.

한 인간이 죽고, 새로운 망자가 탄생했습니다. 시신은 죽음의 종류에 따라 줄을 서서 기다립니다. 자연스러운 죽음, 자연스럽지 못한 죽음, 불명의 죽음들.

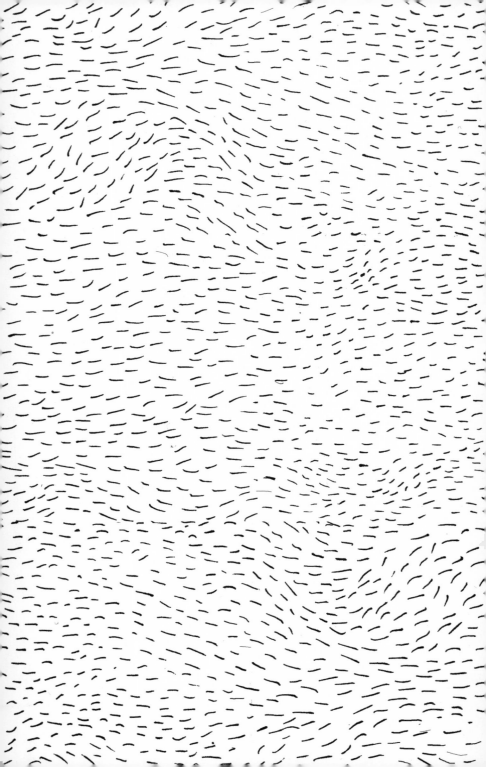

11
사망증명서가
작성됩니다

검안의는 사망증명서를 펼칩니다. 겉표지. 두 부분. 복사본 4부. 8페이지. 12란.

채워 넣어야 할 사항이 50~60가지나 됩니다. 또 50군데나 되는 네모 안에 예/아니오 대답을 표기해 넣어야 합니다. 시간, 코드 안내문, 부가적 사항을 기입해서 서식 용지를 완전히 채웁니다. 포장재의 뒷면에는 플로 다이어그램으로 어느 용지를 어느 봉투에 넣어야 하는지에 관한 부록 설명이 있습니다.

이 서식 용지는 그야말로 괴물이죠. 사망 시각, 무슨 일, 무슨 달, 무슨 연도. 시간. 대략 몇 시였느냐가 아니라 분 단위까지도 정확히 기록해야 합니다. 죽음이 언제 정말로 시작됐는가를 두고 가장 위대하다는 철학자들조차 논쟁에 실패했지만 해당 관서는 대답을 요구합니다. 죽음의 종류의 표시와 함께요.

    ☐ 자연사
    ☐ 원인불명의 죽음
    ☐ 자연사가 아니라는 단서

의사는 망자의 신분증을 손에 들고 있습니다. 그는 이 신분증으로 그 어떤 국경도 통과해 왔을 겁니다. 지금도 그렇긴 합니다. 물론 마지막이긴 하지만요. 시신의 얼굴은 사진의 얼굴과 같기도 하고, 같지 않기도 합니다. 낯설지요. 그를 알았던 사람들도 죽은 자의 사진에서는 알아보기 힘들다고 합니다.

    ☐ 본인의 인식을 바탕으로
    ☐ 신분증/여권에서의 모습으로 볼 때
    ☐ 가족/제삼자의 진술에 따라
    ☐ 파악 불가능

사망증명서에는 네모 칸들이 줄줄이 이어집니다. 가족들은 시신을 확인했고, 자신이 신분증을 보았다고 기입합니다.
이제 사망 장소를 기입하고는 페이지를 넘깁니다.

- □ 사후경직
- □ 시반
- □ 부패
- □ 살아 있는 상태와 연관이 없는 상처
- □ 뇌사

이렇게 죽음이 선다형 문제로 다뤄지다니 좀 묘합니다. 이것들은 사망증명서의 딜레마를 상징적으로 보여 줍니다. 물론 죽음에서 많은 정보를 읽을 수 있기는 합니다만, 사망증명서의 정보가 많으면 많을수록 그 정보들의 질이 낮아지는 경우가 많습니다. 그래서 어느 곳에서는 질문을 줄여 어린 아이라도 답을 표기해 넣을 수 있게 하기도 했습니다.

검안의들은 죽음의 원인을 밝힐 의무의 원칙을 지켜야 한다고 믿고 노력합니다. 그들은 망자의 죽음을 심사숙고한 뒤, 날짜를 써 넣고 사인하고 복사본 한 장은 가져갑니다. 비공개 서류는 회색 봉투에 넣고 공개 부분은 가족들에게 건넵니다.

모든 검사가 끝났습니다. 가족 중 가장 침착해 보이는 한 사람을 불러 이 곤욕스러운 질문 하나를 마치면서 말입니다.

"청구서를 어느 분께 보내면 될까요?"

어느 검안의는 이 질문에 대한 유족들의 반응을 견디기까지 꽤 긴 시간이 걸렸다고 고백합니다. 이 모든 상황을 비현실적인 일 중 하나로 받아들이는 사람이 있는가 하면, 벌컥 화를 내며 마치 분노와 절망을 풀 기회를 잡았다는 듯 행동하는 이들이 있기 때문이죠. 하지만 그들도 어쩔 수 없는 일입니다. 누군가는 그것을 감당해야 하지 않겠습니까.

죽어가는 사람은 독일의 의료보험의 혜택을 받습니다. 그러나 죽은 사람은 그 서류들을 만드는 비용을 개인이 부담해야 합니다.

독일에서는 죽음을 규정대로 계산해 주는 컴퓨터 프로그램인 'GOA'가 있습니다. 50년도 넘게 사용되어 온 복잡한 시스템으로 아직도 옛날 화폐인 마르크로 계산이 됩니다.

이번 검안의 점수는 250입니다. 소생술보다 150이 더 적고 망자가 된 갓난아기를 마지막으로 진찰하는 것보다는 50이 적습니다. 유로로 환산하면 250점은 현재 14.57유로입니다. 이제부터 좀 비용이 오를지도 모릅니다. 수년 전부터 GOA가 현대화될 거라는 말이 나오니까요.

검안은 한 시간이 넘게 걸릴 때가 많습니다. 어떨 때는 한 시간 반이 걸리기도 합니다. 사실 죽음을 판단하고 죽음의 원인을 검토하고 증명서를 발급하는 이들조차 자신의 죽음에 대해서는 생각하지 않습니다. 검안을 했던 의사가 이렇게 말합니다.

"아직 제가 어떤 장례 절차를 거쳐 묻힐지 생각조차 못 해봤는데요? 아마 화장?"

그들은 일이 끝나면 더 이상 망자들을 생각하지 않습니다.

자신의 죽음을 계획해 놓지도 않습니다. 가끔 인상 깊은 일이 생기면 '그 시신은 어떻게 되었을까?'를 생각하는 정도라고 합니다. 그래야 이 중요한 일을 계속할 수 있으니까요.

주방 탁자 위에는 사망자의 서류가 놓여 있습니다. 회색 봉투 안에는 비공개 부분이 들어 있습니다. 당신의 죽음은 이제 공식적으로 문서화되었습니다. 이제 법 앞에서도 망자가 되었습니다.

12
이제 당신에겐
아무것도
속하지 않습니다

죽음은 모든 것을 바꿔 버립니다.

당신이 무엇을 소유했든 이제 당신에게는 아무것도 속하지 않습니다. 어떤 인간관계를 맺었든 그것도 끝나 버렸습니다.

어떤 권리, 어떤 의무도 모두 사라졌습니다. 이 순간부터 법은 당신을 예전의 존재가 아닌 시신으로만 인정합니다.

시신은 더 이상 인격이 있는 사람이 아니죠. 그렇다고 시신은 사물도 아닙니다. 법조인과 철학자들은 '인간의 부분이 빠진 잔여물'이라고도 말합니다. 죽어갈 때의 상황이 그렇고 죽은 뒤의 상황도 그렇죠. 생각하기는 쉬워도 사실 시신을 객관적으로 다루는 일은 그리 쉽지 않습니다.

이제 시신은 고유의 존엄성을 지니고 특별한 종류의 보호를 받습니다. 결정적인 것은 시신은 누구에게도 속하지 않는다는 것입니다. 시신은 어떤 소유권도 주장할 수 없습니다. 주인이 없죠. 오직 유족들에게만 시신을 처분할 권리가 있습니다.

이건 특정한 틀 안에서 일정한 제한을 받아 행사할 수 있는 권리입니다. 독일의 어떤 주에서는 시신을 무조건 관 안에 넣어야 하고 다른 주에서는 안 그래도 됩니다. 몇몇 장례법은 시신을 방부 보존하도록 허락하지만 다른 주의 법들은 미리 승인받은 예외의 경우에만 허가합니다. 어떤 주에서는 시신이나 시신의 재가 반드시 지정 관할 묘지에만 묻혀야 하는 법도 있습니다.

전문가들은 이런 통제를 비판합니다. 죽으면서도 시간과 규정을 지켜야 하고, 서식을 채워야 하니까요. 누군가는 이 규정들이 유익하다고 보기도 합니다. 이 규정들 때문에 모든 망자들이 똑같은 원칙으로 평등하게 다루어지니까요. 살아 있는 동안 그들이 누구였는지와 관계없이 말이죠.

이렇든 저렇든 망자가 지켜야 할 기한들은 법에 따로 규정돼 있습니다. 주마다 다르고 지방자치단체마다 다르지만 결과는 모두 같습니다. 죽음이 증명서로 기록되는 즉시 시간과의 달리기가 시작된다는 것입니다.

24시간 이후 망자가 사망한 주 관할 법에 따라 시신은 관 안에 들어야 합니다. 최대 36시간 동안, 지역의 법에 따라 시신은 집 안에 머무를 수도 있습니다. 96시간 이후, 시신은 법에 따라 지하에 묻혀 있거나 재로 변해 있어야 합니다. 어느 곳의 법을 따르든 열흘 내에 장례식을 치르고 땅 아래에 있어야만 합니다.

양로원에서는 요양사들이 할머니에게 가장 예쁜 잠옷을 입히고 머리카락을 빗긴 뒤 손에 장미를 끼워 넣습니다. 마치 방문객을 맞이하는 것처럼 말입니다. 하지만 자식들은 오지 않을 겁니다. 양로원에서 자식들에게 할머니의 사망을 알리는 전화를 걸었지만 왠지 그들을 방해하는 것 같은 느낌을 받았습니다. 하지만 요양사들은 최소한의 장례업자를 선택해 망자를 떠나보내도록 설득합니다. 종합병원에서는 시간이 그리 많지 않습니다. 다른 환자를 위해 침대와 병실을 비워 줘야 합니다. 그래서 시신은 두 시간 전후로만 병실에 머물곤 합니다. 예외적으로 편의를 봐주기도 하지만 거의 비슷합니다.

대체의학에서는 조금 다릅니다. L이라는 어린아이의 부모는 죽은 아이 곁을 지킬 수도 있고 아무런 방해를 받지 않고 작별할 수 있습니다. 그들이 원한다면 몇 시간이라도 말입니다.

이제 시신을 지키던 사람들이 밖으로 나갑니다. 바깥세상은 눈부십니다. 신호등에 초록색 불이 꺼졌다 켜지고 17분마다 오는 버스도 정확히 도착합니다. 죽은 사람과 아무 상관도 없이 세상은 잘 돌아가고 있습니다. 그렇게 삶은 계속됩니다.

사실 운구가 아니라면 장례업자가 꼭 필요한 건 아닐 수도 있습니다. 다른 일들은 거의 대부분 가족들이 직접 할 수 있습니다. 물론 꼭 그래야 한다는 건 아니고요.

시신을 돌보는 것, 모든 필요한 서류를 위해 빈칸을 채워 넣고, 삶을 정리해 주는 것. 이런 것들은 수고가 많이 들어가는 일이죠. 맨 정신에도 말입니다. 그래서 거의 모든 유족들이 장례사들에게 도움을 구합니다.

이때 유족이 극복해야 하는 것은 공허함, 상실감, 시간에 쫓기고 있는 느낌입니다. 그렇게 휘청거리는 가운데 고객들을 이용해 먹으려고 노리는 장례업자들도 많습니다. 큰 체인 회사이거나 반드시 자격증을 갖춘, 장례업 협회에 가입한 업체를 선택해야 합니다.

근본적인 건 가장 좋은 전문가를 대면해 좋은 업체를 골라야 한다는 겁니다. 빨리 결정을 해야 한다거나 친절하지 않은 태도, 이런 건 절대 불가능하다느니 하는 말을 하는 곳이라면 제외해도 좋습니다. 중요한 것은 장례업자가 죽음 후의 촉박한 시간을 어떻게 잘 다루느냐 하는 점이죠. 우수하고 경험 많은 장례업자는 지켜야 하는 기한들에 대해서 잘 알고 있습니다. 그러면서도 유족들을 재촉하지 않습니다.

그리고 이제 무엇이든 맹목적으로 사인해서는 안 됩니다. 언제나 먼저 견적서를 받을 수 있습니다. 여러 곳의 장례회사에 묻는 것을 주저하지 마세요. 불쾌한 장례업자에게 주문했다면 그것을 취소하고 시신을 돌려받기를 꺼려해서는 안 됩니다. 결코 허풍에 속아 넘어가지 마세요. 양로원이나 병원에서 자기들과 전속으로 계약된 곳에서만 해야 한다고 하는 그런 주장 따위를요. 절대 그런 일은 없습니다. 장례업자를 고르는 일은 언제나 자유입니다.

가장 좋은 경우는 당연히 미리 선택을 해 놓는 일입니다.
자신의 장례라면 더더욱 그래야 합니다.
과거, 현재 그리고 죽은 상태에서라도,
살아생전에 결정해 놓은 일을 누리게 되는 것이죠.

가족들은 곧바로 당신의 핸드폰에 저장된 그 번호를 누르기만 하면 됩니다. 24시간 언제든지요. 당신의 선택이 현명했다면 유족들은 그들로부터 평온하고 안정된 느낌을 받을 수 있을 겁니다. 진심 어린 악수를 건네고 울고 있는 유족의 마음을 어루만져 줄 테니까요. 오로지 장례를 사업으로만 보지 않는 곳을 찾고 선택하십시오.

그의 이름은 A. 성경에 나오는 이름입니다. 사십 대 초반의 그는 10여 년 전부터 이 장례업체에서 일하고 있습니다. 그는 조문객들을 둘러봅니다. 어떤 이들은 한꺼번에 오죠. 누군가는 통통 부은 눈덩이로, 누군가는 정신이 나간 상태거나 얼어붙은 것처럼 경직된 채로, 누군가는 차분한 상태입니다. 추모의 슬픔은 여러 개의 얼굴을 갖고 있습니다.

그는 재빠르게 조문객들에게 꽃다발을 건넵니다. 그리고 침묵합니다. 이 순간이 얼마나 괴로운지 잘 알고 있습니다.

당신이 죽었다는 것. 당신이 정말로 죽었다는 것은 정말 괴로운 일입니다.

아직도 당신과의 생생한 추억을 갖고 있는 사람들이 이렇게나 많습니다. 불과 며칠? 혹은 몇 개월 전. 이전 어떤 장면들과 화를 내던 모습, 사랑의 밤들, 잊고 있던 모험의 날들, 당신과의 일상.

어떤 이는 분노하죠. 그들은 소리를 지릅니다. "내 아내, 난 내 아내를 지금 당장 보고 싶을 뿐이야"라고 소리칩니다.

이럴 때에도 그는 가만히 앉아 어떤 말을 묻지도 행동하지 않습니다. 그저 모든 이들을 한 가지 방식으로 대합니다. 오직 그들과 거기에 함께 있음으로요.

조건 없이 이런 일을 하는 장례업자는 별로 많지 않습니다. 하지만 계속 늘어나는 추세임은 틀림없습니다. 그들은 어려운 시기에 유족들의 짐을 덜어 주는 사람들입니다. 관과 비석, 비망문까지 유족들에게 최선의 서비스를 제공하기 위해 노력합니다.

그러나 그들조차 오랫동안 간과하는 게 있었습니다. 바로 죽음 후의 일을 맡아 하는 것이 실제로 무엇을 의미하느냐는 질문이죠. 그들은 지금까지 추모에 도움을 주는 사람이 아닌 망자를 병원에서 화장장으로 이동시키는 효율적인 한 부분이기만

했습니다.

하지만 몇 년 전부터 이 분야는 변화를 맞이했습니다. 시장이 요동치기 시작했고 가격이 급변하기 시작했습니다. 시장만 변화하기 시작한 게 아니라 장례 문화도 바뀌고 있습니다. 많은 유족과 장례업자들이 유족과 망자를 어떻게 다루는지를, 얼마나 진심으로 추모 서비스에 임하는지를 더 많이 보게 된 거죠.

이 부분에서 A와 같은 새로운 종류의 장례업체가 그들을 '추모 동행자'라고 부르기 시작하였습니다.

그는 망자가 남겨 놓고 간 사람들을 관찰합니다. 그들에게서 커다란 고통을 느낍니다. 죽음의 질풍노도 같은 감정들을요. 그 고통의 모습이 어떠하든 A는 그 상황을 위해 노력합니다. 그는 매우 단순한 일을 하지만 사실 그건 매우 어려운 일입니다. A는 그들에게 힘을 줍니다. 거기서 이야기를 들어주고 정신없이 읊조리듯 뱉어 내는 말을 모두 들어줍니다.

사실 주제는 죽음입니다. 하지만 모든 게 삶이라는 축을 중심으로 돕니다. 죽음은 그들이 당신을 어떤 사람으로 기억하고 싶은가의 문제입니다.

대부분의 장례업자들은 많은 문서를 갖고 있습니다. 장례에 필요한 체크리스트입니다. A는 모든 정보를 가지고 이따금씩 유족이 검토해야 할 서식 용지를 건네기도 하고 설명을 하기도 합니다. 그는 이런 식으로 시신의 장례 절차를 수행합니다.

어떤 부분은 빨리 진행됩니다. 이름, 생년월일, 시신이 보냈던 삶에 관한 얼마 안 되는 정보들 그리고 신분증 정보를 모읍니다.

어떤 것은 오래 걸립니다. 장례를 주도하는 사람은 누구인지, 누가 결정권을 가졌는지, 친지들의 의견이 일치하는 경우에는 누가 그 임무를 맡을지가 분명하죠. 주검돌봄권리자. 하지만 가정 내에 분쟁이 있다든가 의견이 일치하지 않으면 그 관계가 분명하지 않을 때도 많습니다.

당신의 의지를 미리 분명히 해 놓지 않은 경우라면, 법이 정한 시신에 대한 결정권은 배우자, 자식, 부모 순으로 갖게 됩니다.

어떤 것은 간단합니다. 불이냐 흙이냐, 이 두 가지죠.

다른 방식들은 법이 허락하지 않습니다. 흙의 경우라면 장례 절차는 한 단계입니다. 불의 경우는 두 단계로 나눠 진행됩니다. 처음에는 화장을 하고, 나중에 매장을 하죠. 많은 유족이 불을 선택하는 이유입니다. 그 덕에 시간에 쫓기지 않아 시간을 벌 수 있거든요.

화장은 빨리 할 수도 있지만 납골단지를 매장하는 기한은 넉넉히 주어집니다. 몇 주 후에 해도 됩니다. 불을 선택하는 또 다른 이유는 비용입니다. 대개 매장보다 화장하는 경우에 비용이 덜 들죠.

어떤 문제는 어렵습니다. 당신은 어느 장소에 묻히기를 바랐나요? 납골당, 호수, 나무 아래? 부모님 곁에 혹은 자식 옆에? 늘 산책을 가던 공동묘지? 태어난 곳? 죽은 곳? 옛 고향? 자식들이 살고 있는 새 고향?

어쩌면 아무도 그걸 모를지도 모릅니다.

당신이 살아 있을 때 한 번도 당신의 죽음에 대해서

이야기하려고 하지 않았기 때문이겠죠.

그러면 당신의 유족들은 자기 마음대로 하고 맙니다.

어떤 문제는 유족들을 불안하게 합니다. 당신을 추모하는 이들은 공동묘지에서 당신의 추모식을 하려 할까요, 아니면 얼굴을 마주보면서 직접적으로 당신과 작별하려 할까요? 시신을 집에 모시고 싶어 할까요? 관을 직접 만들고, 칠하고 싶어 할지도 모르죠. 시신에 무엇을 입히고 싶어 할까요, 당신이 제일 좋아했던 옷? 제일 좋아했던 가운? 제일 좋아했던 셔츠? 당신 손에 반지를 끼워 줄까요, 안경을 씌워 줄까요? 제일 좋아 했던 향수를 뿌려 줄까요? 또 그들은 시신의 머리를 자식들의 베개 위에 올리고 싶어 할까요, 아니면 마지막 순간까지 덮고 있던 이불로 덮어 주고 싶어 할까요? 당신을 직접 관에 눕히고 싶어 할까요? 저승길에 편지나 사진을 들려 보내고 싶어 할까요? 당신의 시신 위로 관 뚜껑을 덮을까요? 이 모든 것들을 고민하고 또 고민할 겁니다.

어떤 문제는 현실로 끌어당기죠.

시신을 나중에 묻을 수 있도록 승인 절차를 거치는 데는 비용이 듭니다. 거기에 시신을 보관해 놓을 사체냉장고를 위한 추가비용이 듭니다. 장시간 동안 보관한다면 냉동고 비용이 들죠.

독일의 경우는 하루 45유로가 듭니다. 많은 공동묘지가 시간을 엄격히 계산하는데 화장의 경우 30분이 지날 때마다 52유로, 흙의 경우 84유로가 듭니다. 시신의 존엄성을 잃지 않고 매장하는 데 총 얼마가 드느냐고요?

그건 말하기 어렵네요. 많은 지방단체마다 화장과 매장 비용을 따로 청구하기 때문이죠. 거기에 묘지 사용 비용이 더해지고 경우에 따라서는 납골단지 배송비와 운송비, 매장 승인료, 묘지 이전 비용 또 경우에 따라서는 교회 요금, 신부님을 모셔오는 비용, 문상객 음식 등의 비용이 듭니다. 또 묘석이나 묘지의 식수 비용이 들어가죠. 이 모든 비용은 장례업자의 서비스에 추가로 더해지는 비용입니다.

A는 유족들에게 비용 목록을 하나하나 침착하게 설명해 줍니다. 근래에는 일시불로 비용을 받는 곳이 많아졌습니다. 거기에는 상담과 운구, 염, 입관, 장례계획, 해당 관청과의 공무, 묘지로의 이동, 장례식 그리고 관까지 모든 비용이 포함돼 있는 경우가 많습니다. 이전에는 이렇게 장례비용을 제시하며 은근슬쩍 유족 몰래 이런저런 비용을 추가해 넣는 일이 많았습니다. 하지만 새로운 관점을 가진 좋은 장례업체에서는 모든 비용을 투명하게 공개하는 추세입니다.

뮌헨의 한 대안업체는 공제 전 패키지 가격으로 3,150유로를 제시하는데, 이게 바로 A의 업체입니다. 베를린의 한 업체는 불을 통한 장례는 2,375유로를 부르고, 흙을 통한 장례는 2,625유로를 매겼죠. 소비자 협회들이 계산한 바로는 묘지 비용까지 합쳐서 평균 4,500유로(한화로 약 589만원-편집인 주)가 필요하다고 합니다. A의 일시불 비용은 그 가격에서 훨씬 밑돕니다. 그렇기에 그는 여러 번 강조합니다. 이게 최종 금액이 아니며 묘지 요금과 관공서 요금이 추가로 부과된다고 말입니다.

그럼 장례업자의 거의 모든 체크가 끝납니다. 장례에 필요한 주요 정보가 결정됐습니다. 하지만 유족들은 아직 어떻게 당신과 작별해야 할지 확실히 결정하지 못하고 있습니다. 작은 규모이지만 큰 의미의 추도식, 공동묘지로 갈 것인지, 납골당으로 갈지를요.

13
시신이
운구됩니다

G 할머니의 시신은 아주 가볍습니다. 장례업자들은 2인조입니다. 한 명은 어깨를 들고, 한 명은 다리를 들어 올립니다. 금세 시신이 관 안에 들어갑니다. 장미꽃도요.

뚜껑이 닫힙니다. 그들이 사망증명서를 들고 관을 운구용 롤러 위에 실은 뒤 밀고 가기 시작합니다. 양로원의 저녁 시간. 어스름한 불빛 사이로 TV 소음이 새어 나옵니다.

모든 입소자들이 자신의 방에 있어서 운구하기에 가장 좋은 시간이죠. 도시 변두리 병원에서도 사람들이 관을 보지 못하도록 운구에 주의를 기울입니다. 환자가 없는 통로를 이용해 지하 냉장실까지 운반합니다.

사체용 냉장 시설은 주로 살아 있는 사람들은 인지할 수 없는 곳에 있습니다. 땅 밑이나 지하층 외부 건물에 있습니다.

법의학 의사가 시신을 받으려고 롤러를 굴립니다. 이곳에도 역시 망자의 세상으로 들어가는 입구는 감춰져 있습니다. 차단기 하나. 눈에 띌 것 없는 문. 어디로 가는지 아무 표시도 없죠. 공간 천장까지 닿는 수납장들. 거기엔 로마 숫자가 적혀 있고, 수납장 하나마다 시신 네 구가 있습니다. 거의 모든 장이 꽉 차 있습니다. 동료 망자들은 냉기 속에 누워 있습니다. G 할머니도 이미 장례업자의 지하실에 있습니다.

온도는 어디에서나 똑같습니다. 0도 바로 위. 5도를 절대 넘기지 않습니다. 낮은 온도일수록 많은 생화학 작용이 더디게 진행되니까요.

충격을 받을 정도는 아니지만 시신도 많이 변했습니다. 그래도 알아볼 수는 있을 정도입니다. 팔과 다리는 무쇠처럼 뻣뻣합니다. 피부와 근육의 긴장이 사라지고, 지구의 중력은 뼈들을 도드라져 보이게 합니다.

일생 동안 장기들은 체온을 37도로 유지하려고 애써 왔습니다. 하지만 죽음과 동시에 몸에서 온기가 빠져나가기 시작합니다. 대략 한 시간에 1도씩 급격히 내려갑니다.

사람은 인간을 따뜻한 상태로 느끼는 것에 익숙하기 때문에 이제 시신의 몸은 실제보다 훨씬 더 차갑게 느껴집니다.

유족들은 대개 이날 잠을 이루지 못합니다. 당신 없는 첫날

이 너무나 빨리 흘러가 버렸습니다. 그들은 지쳤고 신경은 날카롭습니다. 힘이 하나도 없는데 아직 할 일은 너무나 많습니다. 어쩌면 그들은 음악을 몇 시간이고 들을지 모릅니다.

모든 것이 당신과 작별을 뜻하겠지요. 어쩌면 친척들에게 전화를 걸지도 모릅니다. 그러면서도 자꾸만 당신 침대 곁으로 와 거기에 있을 것만 같다는 마음으로 몇 번이고 확인합니다. 그러고 나면 집에서 보내는 당신의 마지막 밤도 지나갑니다.

오늘의 시신 매장 작업 인원은 8명입니다. 그들은 두 그룹으로 나뉘어 상담하거나 계산하고 관 옆에서 작별을 고하는 유족들을 보조합니다. 또 다른 그룹은 시신을 모시러 갑니다. 염을 하고 입관한 후 신고를 마치고 운구차에 싣습니다.

법률 용어로 그들은 시신 관리자들이고 직업군은 장례전문인입니다. 이 분야의 작업은 너무도 독특해서 말할 때도 고유한 방식을 따라야 하는 모양입니다.

그들이 고개를 끄덕입니다. 오래 걸리지 않아서 장례업체 영구차들이 굴러 나옵니다. 그때 사람들의 반응은 대개 두 가지죠. 곧바로 시선을 돌리거나 아니면 운구차를 오랫동안 바라보거나.

하지만 이 거리에서의 이런 광경은 일상입니다. 거리가 끝나는 곳에는 석공이 묘석 작업실을 운영하고, 건물 세 채를 더 지나면 큰 꽃가게가 있습니다. 조금 뒤쪽으로 경쟁 업체가 하나 더 있고 사선으로 건너편에는 작은 꽃가게가 하나 더 있습니다. 이 지역에 큰 공동묘지가 있거든요.

당신의 시신의 특별한 지위는 망자의 세상으로 떠나는
당신의 길에서 중요한 몇 가지 결과를 초래합니다.
시신은 고유의 존엄성을 지니고, 특별한 보호를 받습니다.
그리고 또 한 가지 결정적인 성격이 부여됩니다.
바로 당신의 시신은 누구에게도 속하지 않는다는 것입니다.
그 누구도 당신의 시신에 대한 소유권을 주장할 수 없습니다.

14

당신은
종이 속으로
녹아 들어갑니다

A는 컴퓨터 앞에 앉아 있습니다. 중간 높이의 캐비닛에는 규정 책자들이 쌓여 있습니다. 모두 그가 돌보는 망자들의 서류입니다. 벽에는 메모장에 번호, 공무원의 근무 시간들, 정신 없는 화살표들로 가득한데 마치 행군 계획처럼 보이기도 합니다. 이렇게 하지 않으면 죽음의 진행 과정을 잘 관리할 수가 없습니다.

작은 위안의 표시로 그 중간에 만화의 한 장면을 붙여 놨습니다. 찰리 브라운이 스누피와 함께 교량 위에 앉아 호수를 바라보고 있는 그림이죠. 찰리 브라운이 이렇게 말합니다.

"언젠가는 우리 모두 죽어, 스누피."

스누피가 대답하죠.

"맞아요. 하지만 그날 말고 다른 모든 날에는 죽지 않잖아
요!"

유족은 아직 당신의 매장을 어떻게 할 것인가에 대한 세부
사항을 알려 주지 않고 있습니다. 아직도 모든 서류를 다 받지
못했습니다. 하지만 모든 좋은 장례업자가 그러듯 그는 가능한
대로 모든 서식들을 준비합니다. 법률은 연기되는 걸 참아 주지
않거든요. 이 순간 당신은 종이 속으로 녹아 들어갑니다.

시신은 아직 망자의 침대에 누워 있습니다. 이제 천천히 해
체되는 단계로 넘어갈 때가 되었죠. 얼마나 빨리 될지는 말하기
어렵습니다. 여러 가지 요인들이 작용하니까요.

방의 온도, 계절, 당신 육체의 상태. 살아생전 약을 많이 복
용해야 했던 사람들이라면 이 과정이 빠르게 진행되기도 하고,
다른 이들의 경우에는 좀 느리기도 합니다.

어떤 시신들은 하루나 이틀 동안 아무런 변화를 보이지 않
기도 하지만 몇 시간만 지나도 변하기 시작하는 시신도 있죠.

어쩌면 가족들은 당신의 손톱이 좀 더 긴 것 같다고 느낄지
모릅니다. 또는 어쩌면 수염이 난 듯한 흔적이 있다고 생각할지
도 모르고. 아니면 입술이나 눈가 피부가 바짝 말랐다고 판단했
을 수도 있고요.

모두 자연스러운 현상이죠. 온기만 빠져나가는 게 아니니까요. 피부의 습기도 다 말라 버려서 그것 때문에 손톱이 길어 보이고, 수염이 난 것처럼 보이죠. 그래서 예전에는 사람들이 죽은 몸에도 계속해서 손톱이나 수염이 자란다고 생각했죠.

일단 독일의 경우 맨 먼저 추모 동행자는 독일신분등록법 제28조 이하 규정에 따라 일을 처리합니다. 즉 인간이 사망하면 관할 호적부에 신고해야 합니다. 사망신고. 그 신고는 죽음을 알게 된 누구나 해도 됩니다. 대개는 병원이나 장례업자들이 맡습니다.

A는 키보드로 이런 것들을 적어 넣습니다. 이름, 국적, 마지막 주거지. 생년월일이 등록된 호적부. 공문서들. 가족 관계. 사망 장소. A4 용지 1페이지에 담은 일생.

어쩌면 주검이 누워 있는 침대 맡의 사람들은 이제 당신 등의 시반이 손으로 눌러도 쉽게 사라지지 않는다는 것을 발견할 것입니다. 그건 정상입니다. 피가 응고되거든요. 핏줄 벽이 해체되면서 피의 색소가 조직으로 스며듭니다.

A는 사망신고서 다음으로 당신의 부고알림장을 준비합니다. 사망 장소와 사망 사건에 따라 묘지 관리소, 생명보험사, 공동묘지 회계사, 화장업체, 우체국 연금조합, 지방자치단체의 장례 승인처로 갑니다. 이 주에서는 장례업자가 관할 경찰서의 승인도 받아야 합니다. 경찰은 사망증명서를 검토한 후 화장을 허락하죠. 이 절차를 감독하는 공무원이 말합니다. '누구나 죽고

나면 망자가 되지만 망자를 처리하는 일 역시 공무 절차이기도 하다.'

어쩌면 유족들은 당신의 시신의 입에서 냄새가 조금 난다는 것을 감지할지도 모릅니다. 시신의 변화를 나타내는 첫 징후죠. 살아 있는 육체의 세포들은 효소의 도움을 받아서 물질대사의 분자들을 분해해 주지만 죽음으로 근무 해제가 된 이 효소들은 당신의 세포의 내부와 세포벽을 분해하기 시작합니다.

이 벽들이 파괴되면 세포의 잔해들에서 효소가 흘러나오는데, 처음에는 효소가 많은 간에서, 액체의 지분이 비교적 높은 뇌 안에서 나옵니다. 효소는 주위의 조직을 공격해서 그 구조를 찢는데, 이러면 생명의 구성 성분들이 터져 나옵니다. 육체는 이제 스스로를 소화하는 과정을 시작했습니다.

이 과정은 ─ 자기소화 ─ 다음 단계의 붕괴의 토대가 됩니다. 입과 위에 있는 다량의 박테리아는 살아 있는 몸 안에서 음식물을 소화하는 데 도움을 줍니다.

당신의 죽음으로 인해 면역 체계의 사슬에서 풀려나면 자기의 고향이었던 육체를 공격하기 시작합니다. 모든 건 자연스러운 일입니다. 당신의 생물학적 시한이 지났으니까요. 하지만 내부에 살고 있는 생명체들의 시한이 끝난 건 아닙니다. 이 과정들을 연구하는 과학자들은 '모든 사체는 생명이 사는 공간이다'라고 했습니다.

G 할머니의 시신은 관에 들어가 있습니다. 표준 온도로 맞

취진 곳, DIN EN15017, 3.6.1번, 영구 시설, 하급 번호 3.6.1.1 번, 공급 영역, 하급 번호 3.6.1.1.4번. 냉장 시설 5°C 미만의 온도가 확실히 보장되는 곳이에요. 이런 정도라면 장미도 싱싱하게 유지될 겁니다.

G 할머니의 유족은 전화로 첫 지시를 내렸습니다. 묘지, 장례식, 신부님. 모든 필요한 사인을 일단 먼저 팩스로 보냈습니다. 서류들은 함께 묶은 채로 양로원으로부터 우편 배송될 것입니다. 그들은 장례식 일정 바로 직전에 올 겁니다. 그럼 "안녕히 계세요"라고 말하겠죠.

어린아이의 시신은 아직도 병원의 지하실에 있습니다. 부모가 추모에 관한 상의를 하려고 왔습니다. 그들은 침착합니다. 그들은 작별을 준비하는 데 오랜 시간이 걸렸죠. 그들은 심지어 장례업체 사장인 L과도 이야기를 나누었습니다.

그들은 무엇을 고려해야 할지를 잘 알고 있죠. 아이를 다시 한 번 보는 것. 아이의 관을 예쁘게 칠하는 것. 아이의 명랑함이 표현되는 장례식이어야 한다고. 화기애애해야 하고, 음악이 있어야 하고, 풍선들이 날아야 한다는 걸 잊지 않았습니다.

공사장에서 발견된 청년의 시신은 법의학 의사의 기관에서 부검될 차례를 기다리며 그날의 긴 줄에 대기하고 있습니다. 검찰은 법적 부검을 실시하도록 했습니다. 그의 죽음이 정말 사고 사인지를 확신하기 위해서죠. 그래서 법의학 의사들은 이제 시신의 무게를 재고, 키를 재고, 그 측정 결과를 사인펜으로 시신의 위쪽 팔에 적어 넣은 뒤, 해부 테이블 2번에 올렸습니다. 이 날의 세 번째 사체.

2018-SEK-019-C-71. 그들이 그를 검시하기 시작합니다. 먼저 외부. 푸르고 보라색의 시반이 있음. 위치에 따라 달라짐. 사후경직이 심함. 두개골이 비정상적으로 느슨함. 눈은 뜨인 상태. 동공이 넓음. 그들은 반점마다 꼼꼼히 검사를 하고, 그 어떤 작은 상처라도 다 기록해 넣습니다. 내부와 두개골을 절단하고 빗장뼈에서부터 성기 부근까지 절단합니다. 그렇게 그들은 머리, 가슴, 배를 열어서 세 부위의 몸의 구멍들을 살피며 장기의 크기, 무게, 모양을 보고 이상한 점이 있는지를 검사하죠.

당신의 시신은 침대에 누워 있습니다.

효소의 흐름이 천천히 당신의 육체를 지배하기 시작했죠. 조직, 장기, 근육에서 효소는 단백질을 분해하는 중입니다. 죽은 후에도 모든 근육 안에서 서로 꼬여 들어 근육을 단단하게 만들며 사후경직을 유발하던 단백질 한 쌍마저도 그렇습니다.

이제 시신은 또 한 번 대변혁을 겪습니다. 경직된 근육은 결마다 올올이 녹기 시작했습니다. 차츰차츰 팔다리의 저항력이 빠져나가죠. 육체는 종전처럼 차갑게 느껴지기는 하지만 이제 모든 것이 사망 직후의 상태처럼 힘없이 늘어집니다.

이게 얼마 만인지. 그동안 당신이 얼마나 변했는지. 당신의 주위에서 당신의 죽음을 슬퍼하던 사람들은 당신을 잡고 싶은 욕망과 당신을 떠나보내고 싶은 욕망 사이에서 괴리감을 느낍니다.

어떤 이들은 망자를 집에 계속해서 두고 싶어 합니다. 그건 가능합니다. 다만, 관이 하나 필요하죠. 그리고 기간에 따라 냉장 시설 한 대와 복지부의 승인이 필요합니다. 이건 장례업자가 마련해 줄 수 있습니다. 그러나 집에 망자를 모시고 있는 사람들 대부분 하루나 이틀이 지나면 시신을 넘겨주기로 결심합니다. 합당한 일입니다.

이제 법이 시신이 집에 머물도록 허락하는 36시간이 거의 다 지났습니다. 누군가 오고 있습니다. 그들이 초인종을 누릅니다. 바로 이 순간이 그들의 작업 중에서도 가장 어려운 순간입니다. 유족에게서 당신을 데려가야 하니까요.

어떻게 될지 말하기는 어렵습니다. 그들은 경직된 얼굴을 마주하게 됩니다. 그들의 얼굴은 이미 눈물을 모두 흘려 버린 사람 같아 보입니다.

어떨 때는 엄청난 감정들이 장례업자들을 괴롭힙니다. 그들은 망자가 받았던 불꽃 같이 타오르던 사랑을 감지합니다. 어떤 유족들은 너무나 조용합니다. 말을 잃어버린 거죠. 어떤 이들은 소리를 지릅니다. 왜 그가 눈을 더 이상 뜨지 않는 거냐며 이유를 좀 설명해 달라고 합니다.

이 모든 반응들은 아무런 반응이 없는 것보다는 낫습니다.

때로 죽음은 차가우리만큼 강한 이성으로 물리칠 수 있다고 생각하는 사람들이 있습니다. 그들은 시신이 있는 곳을 가리키지만 시신이 있는 곳으로 함께 들어오지는 않습니다. 장례업자들이 무엇을 하는지도 알고 싶어 하지 않습니다. 심한 경우에는 망자를 덮고 있던 이불까지도 관 안으로 넣습니다.

장례업자들은 유족들의 눈을 보면서 말합니다. 그리고 악수를 합니다. 짧지만 굳은 악수죠. 그 몇 분 만에 많은 것을 직감적으로 결정합니다. 누구에게 말을 거는 것이 제일 좋은가, 지금 이 상황이 누구를 제일 고통스럽게 하고 있는가, 누가 추모의 중심인물인가를 말입니다.

그의 언어에서도 침착함이 묻어납니다. 그는 왜 그들이 여기 왔는지, 이제부터 그들이 무엇을 할지 그리고 어떻게 할지를 설명합니다. 그는 많은 것을 설명합니다. 신중하게 선택한 단어들을 사용합니다. 단 한 번도 그의 입에서는 시신이라는 단어가 나오지 않습니다. 망자라는 말도 입 밖으로 내지 않습니다. 그는 당신의 시신을 고인이라거나 더 좋게는 당신의 이름으로 부릅니다.

이제 슬퍼하고 있던 사람들이 망설이며 시신을 가리킵니다. 대부분은 당신과 작별이 임박했음을 깨닫는 괴로운 순간입니다. 그들은 잠시 뒤로 물러나 눈물이 흐를 시간 동안 기다려 줍니다.

그들은 관을 망자의 침대 옆에 살짝 내려놓습니다. 나무로 짠 밝고 옅은 모래색의 관으로, 깔끔한 아름다움이 묻어나는 모델이죠. 화장의 경우 많이 사용되는 표준 모델이며, 공장 인도 조건으로 150유로입니다.

그들은 몇 초간 머무릅니다. 관과 관련한 일은 서두르지 않습니다. 조급해하지도 않습니다. 이 상황을 보는 것만으로 이미 유족들이 느끼는 감정의 타격이 심하니까요.

여기 당신의 관. 유족들은 당신이 죽었다는 가장 강력한 상징들 중 하나를 만나고 있습니다.

관에 들어가는 나사들은 관 뚜껑 내부에 스테이플러로 고정된 플라스틱 봉지 안에 들어 있습니다. 하지만 대개는 아무도 관 뚜껑에 신경을 쓰지 않습니다. 모두의 시선은 비어 있는 관 안으로 쏠립니다. 그 공간이 얼마나 작게 보이는지, 벽이 얼마나 좁은지. 그들은 관 안에 시신을 위한 베개를 먼저 집어넣습니다. 건강했을 때나 병들었을 때나 당신이 얼굴을 비비며 이용했던 당신의 낡은 베개.

이제부터 그들은 당신을 자리에 눕힐 거라고 설명합니다. 입관이라는 말을 절대 입 밖에 내지 않습니다.

입관, 이건 감정이 무딘 사람이나 사용하는 단어죠. 자리에 눕힌다는 것이 전문가다운 단어입니다. 그들은 조심스럽게 당신을 관 안에 눕힙니다. 죽음, 당신의 상징. 그것들이 닫힙니다.

당신은 관 안에 누워 있습니다.

당신은 죽어서 관 안에 누워 있습니다.

당신은 죽어서 관 안에 누워 있고

다시는 돌아오지 않을 것입니다.

유족들이 고통스럽게 흐느낍니다. 장례업자들은 잠시 뒤로 물러나 말합니다. "고인과 작별의 시간을 갖고 싶으시죠? 마음의 준비가 되시면 저희에게 알려 주세요."

그들은 밖에서 기다립니다. 유족에게 필요한 시간만큼 거기서 기다립니다. 장례업자들 중에 이렇게나 극단적으로 예의를 지켜 주는 사람은 드물지요. 시간이 돈이니까요. 이 업종에서도 마찬가지입니다. 하지만 그들의 사장은 작별의 순간들이 중요하다고, 이 순간들은 나중에 슬픔을 이기는 데 도움이 된다고 생각합니다.

문이 열립니다. 이제 유족들은 당신을 놓아줄 것입니다. 그들이 당신을 가게 할 것입니다. 관을 닫고 나사를 구멍에 끼운 뒤 아주 조금만 나무속으로 돌려 넣습니다. 나중에 한 번 당신을 관에서 꺼내야 하거든요.

그 후 서류들을 받아 들죠. 운구의 시점부터 시신은 언제나 증명서를 지참해야 합니다. 관을 들어 올립니다. 시신의 머리가 절대 발보다 낮아져서는 안 됩니다. 이제 시신은 길을 나섭니다. 고속도로에는 여덟 대 또는 더 많은 숫자의 관이 화물차에 실린 채 화장장으로 달리고 있습니다. 죽음을 다루는 방식의 변화를 연구하는 민족학자들은 말하죠. '망자들의 이동은 살아 있는 자들의 이동과 병행해서 늘어난다'고 말입니다.

G 할머니의 옆에서는 오늘 냉동 시설에서 떠나는 세 대의 관을 운구 중입니다. 그들은 할머니가 든 관을 선반의 빈자리에

올립니다.

어린아이의 시신을 맡은 장례사들은 병원의 요금 수령처를 찾아 시신을 보관한 시간만큼의 요금을 지불하고, 아이의 서류들을 넘겨받습니다.

그들은 수위실에서 열쇠를 가지고 와서 시신 수습용 진입로를 통해 그들의 운구차로 옮기고, 시신 냉동 칸에서 좋은 자리를 찾습니다. 맨 위층. 바로 중앙. 그들이 사체를 담은 케이스를 꺼내 냉기에서 어린아이의 육체를 꺼내죠. 아이의 발에 노란 쪽지가 하나 달려 있고 거기에 환자의 주요 정보가 담겨 있습니다.

나이, 이름, 모든 게 맞습니다. 그들은 아이를 시신 등록에서 지우고 양도받았다는 영수증을 받습니다. 그러고 나서 시신을 운구차에 싣습니다. 이제부터 당신의 시신은 혼자가 아닙니다.

단지 청년의 시신만 아직도 자유롭지 못합니다. 이제 그 시신은 이름이 있고 나이도 밝혀졌습니다. 그의 이름은 M이라고 합니다. 그는 열여덟 살이었습니다. 경찰관이 그의 사망 소식을 부모에게 전달했습니다. "아드님 M의 일입니다. 그가 죽었어요. 어느 공사장 철제물에 올라갔다가 사고를 당했습니다." 그들은 걱정을 하고 있었고, 그런 일이 일어났을까 봐 무서워하고 있었습니다.

이런 시간에는 누군가 옆에 있어 주는 게 중요합니다. 누구라도 그냥. 그의 부모는 경찰관으로부터 시신을 전달받을 것입니다.

이제 당신의 시신이 도착했습니다. 지하실의 보관 구역, 바로 관 보관실 옆입니다. 망자들의 시신은 기구들을 동원해서 옮깁니다. 시신을 단단한 티어드롭 플레이트로 된 경사면을 통해 위로 밉니다. 8대의 관을 넣게 되어 있는 관 보관용 선반으로요. 여기는 자동으로 온도를 조절하는 천장 쿨링 시스템이 장착되어 있습니다.

관 보관용 선반은 모두 꽉 찼고, 당신의 이동식 선반도 거의 다 찼습니다. G 할머니의 시신은 장미와 함께 왼쪽 아래에 있는 관 안에 누워 있고, 맨 위에는 어린아이의 관이 잠들어 있습니다.

이제 관의 덮개 위에 통행증을 붙여서 어디에 당신이 누워 있는지를 알도록 표시를 하고 무거운 문을 잠급니다. 이 순간에 다다르면 세상과 분리되는 극단적인 단절의 시간이 흐릅니다. 그 안에서는 시신이 정확한 온도하에 놓입니다. 육체라면 지극히 당연한 분열 진행 과정을 멈추게 되죠.

밖에서는 죽음과 그 죽음 전의 삶을 조속히 처분하고 있습니다. 안에서는 가능한 한 천천히 진행되고, 밖에서는 가능한 한 빨리 흐르는 셈입니다. 안에서는 시간이 느릿느릿 걸어가고, 밖에서는 무서운 속도로 시간이 뛰어가고 있습니다.

시신이 집 밖을 막 벗어났을 때, 유족들이 처리해야 할 과제들은 쏟아집니다.

어느 공동묘지에 묻을 건지, 어느 납골당? 아니면 어느 곳에 재를 뿌릴 건지, 울지 않고 추모 연설을 어떻게 해내지? 자신들이 그걸 다 어떻게 견뎌야 할지까지도요.

죽음을 추모하는 이들은 이날들을 마치 최면 상태처럼 체험하게 됩니다. 당신의 시신은 당신의 죽음을 현실세계에 뿌리내리지만 실제 현실에서는 균열이 생기기 시작합니다.

추모자들 중에 어떤 이들에게는 이미 죽은 당신이 자신 옆에 서 있는 것 같은 느낌이 들기도 하고 옆에서 모든 걸 바라보고 있는 듯 한 착각을 받기도 합니다.

어떤 사람들은 그런 내면의 감정 때문에 너무나 큰 고통을 받기도 합니다. 마치 어떤 목소리가 말을 걸고 있는 것처럼 말이죠. 사실 이런 느낌은 모순적이죠. 슬픔 때문에 지나친 활동력이 생기거나 두려움 때문에 억제할 수 없는 분노가 뒤따르기도 합니다.

약간의 명랑함이 비칠 만하면 곧 음울함이 오고, 다시 웃을 수 있게 된 데 대한 부끄러움을 느끼기도 합니다. 몸과 마음이 지치면 이런 감정들이 더 강화되기도 하죠.

모든 것이 잘못된 것인 양 느껴집니다. 계속해서 전화벨이 울리고. 한 시도 조용히 쉴 수가 없습니다. 몇 시간 내내 전화벨이 울리지 않으면 아무도 당신의 생각을 하지 않는 것 같아 서운합니다.

이런 상황에 있는 사람들은 모든 감정 상태가 너무나 위태로워서 작은 말 한마디로도 쏟아 내듯 울음을 터뜨립니다. 이 상황에 있는 사람들은 모두가 그렇게 작별을 해내는 중인 거죠. 작별을 하느라고 외출할 일이 많습니다. 빠진 서류를 장례업자에게 가져다줘야 하고, 공동묘지들을 돌아봐야 하죠.

무덤들을 응시하며 정보를 모읍니다. 선택 무덤은 안치되는 기한을 정할 수 있고 지정 무덤이라면 기한이 연장되지 않습니다. 매장에 대한 세부사항은 다 깊은 의미를 간직하고 있지만, 그와 동시에 당신이 잃는 것에 비하면 아무런 의미가 없기도 합니다.

죽음의 문제에서도 세부사항이 중요합니다. 많은 공동체에서 무덤의 위치와 묘비의 종류를 결정하기도 하거든요. 몇 달후에 세워져도 되는 묘석에 대한 문제는 당신의 장지를 정하는 초기부터 생기기도 합니다. 그런 문제들이 계속해서 생기면서 장례식 전의 이 시기는 사람을 매우 지치게 만듭니다.

작별을 정리하느라 많은 시간을 당신이 머물던 집 안에서 머뭅니다. 관 안에서 입을 옷을 고르기도 하고, 컴퓨터 앞에서 멍하니 앉아 있기도 합니다. 생전 사진들을 꺼내 보며 당신의 진짜 모습에 가장 적합한 사진 한 장을 골라냅니다. 마음이 아프지만 가장 좋은 것을 고르려고 무던히 애를 씁니다.

누군가 이렇게 말했습니다.

'장례식은 죽은 자를 중심으로 진행되지만 모든 건 살아 있는

사람들의 일이야.'

어쩌면 당신의 아들이 추모 연설문을 쓰고, 장례식 날 그것
으로 당신을 기리려고 할지도 모릅니다.

어쩌면 당신의 친구들이 당신의 삶을 기리고 또한 그 삶의
흥미로운 장면들을 추모객들에게 보여 주기 위해 사진들을 모
아 슬라이드를 재생할지도 모릅니다.

어쩌면 당신의 애인이 둘의 추억이 담긴 노래 한 곡을 고를
지도 모르고요. 두 사람이 처음으로 입을 맞췄을 때 흐르던 그
음악을요. 하지만 좀 다르게 진행될 수도 있습니다. 어떤 가족
들은 갈등을 겪게 되기도 합니다.

생전에 비밀을 가지고 있었다면 이제 그 비밀이 밝혀집니
다. 신부님과 계획을 짜는 도중에 어머니가 벌써 몇 년 전부터
교회에서 이미 탈퇴하셨다는 것을.

아버지의 집을 물려받을 거라고 믿었던 자식들은 그의 은행
관련 서류를 살펴보다가 알게 되죠. 아버지한테는 더 이상 집이
없고 빚이 있다는 것을요. 그래서 경험 많은 장례업자는 상속을
포기할 수 있는 6주간의 기간이 있다는 것을 알려 줍니다.

시간이 흐릅니다. 기간은 조율되어야 하고, 문서는 제출되
어야 하고, 결정은 내려져야 합니다. 어떤 이들은 나중에 이 시
간을 돌아보면서 계속되는 이런 지켜야 하는 사항들이 도움이
되었다고 말합니다. 그렇게나 결정할 게 많고, 할 일이 쌓여서

그 덕분에 많은 생각을 하지 않을 수 있었다고요. 너무 많은 질문들, 당신 없이 어떻게 살아가면 좋겠냐는 질문을 덜 할 수 있었다고요. 그런 일들은 슬픔 속에서 질식하지 않게 하는 비법 같은 거였다고 말입니다.

어떤 이들은 훗날 괴로워하기도 합니다. 이 숨 쉴 틈 없는 작별의 기획들은 집을 짓거나 자동차를 사거나 회사의 여느 결정들과는 전혀 달랐다는 것을요. 그걸 진작 알았더라면 너무 조급히 서두르며 달리지 않았을 거라고 말입니다.

관 보관용 냉동 칸의 육중한 문 옆에는 석판 하나가 부착돼 있습니다. 모든 망자들의 이름이 기록되어 있고 공동묘지로 가는 도중의 진행 상황을 적어 놓은 것입니다. 제일 꼭대기에는 여기에 들어온 지 벌써 4일, 5일, 6일이나 된 시신들의 기록이 있습니다. 그들의 이름은 개별 알파벳에 따르는데 그들이 길을 떠나야 하는 요일이 표기되어 있습니다. 마지막 줄에 당신의 이름이 있습니다. 아직은 NF죠. 아직 장례 절차가 끝나지 않았다는 뜻입니다.

인간의 관점에서는 이미 죽었습니다. 의사의 관점 그리고 법 앞에서도 죽은 존재입니다. 죽음을 증명하는 서류까지 갖췄지만 관공서의 관점에서는 당신은 아직 살아 있습니다.

독일의 많은 지방자치단체에서는 호적부가 모든 것을 담당합니다. 출생, 결혼, 죽음, 하나의 민원기관이죠. 하지만 도시에는 죽음을 다루는 사무과가 따로 있습니다. 장례업자는 한 묶음의 서류들을 책상의 받침 모서리에 내려놓습니다.

회색 봉투들이죠. 대부분은 개별 서식 용지에 동봉되어 있습니다. 봉투 안의 종이 한 장은 조금 다릅니다. 그건 병원이나 장례업자들이 사용하는 표준 사망 사건 용지가 아닙니다. 망자는 분명 자연스럽게 죽은 게 아니라는 뜻이죠. 또한 불행한 일이, 범죄나 사고가 일어났다는 말입니다.

공식적으로 보면 죽음과 관련된 모든 것은 사망 장소에서 진행해야 합니다. 장례업자는 사망자 행정의 이러한 세부사항을 처리합니다. 호적청의 관점으로 보면 그는 갱도의 입구가 있는 장소에서 죽은 것으로 간주됩니다. 누군가 비행 도중에 혹은 자동차 주행 중에 죽으면, 즉 비행기 보드 내부에서, 여객선의 객실에서 혹은 응급차 안에서 죽으면 그의 죽음을 관할하는 곳은 그의 시신이 하차(하선)한 지역이죠.

임신 8개월의 임산부가 고속도로에서 사고로 죽으면 사고가 난 지역의 호적부 관할이고 제왕절개로 죽은 아이는 법의학 의사가 있는 지역이 관할이 됩니다. 어떤 죽음이든 어떤 운명이든 법률은 죽음을 통제합니다. 미친 규정이라고 저는 생각합니다.

이런 흐름 속에서 개별적인 망자의 운명은 공무원의 마음속에 한순간 깊은 인상을 심어 주다가도, 또 다음 순간이면 금세 지나가고, 과거의 일이 되어 잊히고 맙니다.

문서 위에 도장을 찍고, 날짜, 접수, 호적부. 생명을 공식적으로 증명하는 이 증명서들을 살펴봅니다. 그리고 컴퓨터에 정보를 입력해 넣어 기록합니다. G 할머니, 이름은 마리아, 89세. 글로가우 너머 어느 작은 마을에서 출생, 글로고우라고 이름이 바뀐 곳. 죽은 장소는 고속도로변 양로원.

G 할머니는 어떤 인생을 사셨을까. 종이가 말을 할 수 있다면 좋으련만 이 서류들에는 그런 것들은 전혀 들어 있지 않습니다.

호적부 공무원은 이제 G 할머니의 두 번째 인생을 다루기 시작합니다. L의 두 번째 인생도 다룹니다. 다섯 살. 이 생명은 겨우 5년을 살았습니다. 망자들 곁에서 일하는 직업의 전문가들이 아무리 굳건한 마음을 지녔다 해도 어떤 죽음은 가슴을 뚫고 들어옵니다. 컴퓨터 시스템은 사망등기부에 가등기될 수 있도록 죽음에 번호를 부여합니다.

의미심장한 순간입니다.
국가가 당신의 죽음을 인지했습니다.
그로써 법은 당신의 매장을 위한 길을 열었습니다.

이제 장례업자들은 이 서류의 복사본을 당신의 매장과 관련된 모든 처소에 보내게 될 것입니다. 어떤 지역에서는 공동묘지 관리가 지방자치단체 행정하의 업무로 소속되어 있고, 다른 곳에서는 공법적 기관으로 기획되기도 하고, 또 다른 곳에서는 장례업자들이 공동체의 의뢰를 받아 실행 보조인으로서 공동묘지를 관리하기도 합니다.

그들은 매장 허가처와 묘지 관리소에 알리고, 유족들과 묘지와 장례 일정을 조율합니다. 그러고 나면 당신을 채비시킬 시간이 됩니다.

시신 염습 담당자는 상처를 꿰매고, 머리를 빗기고, 눈과 입을 닫아 주는 사람입니다. 시신의 핏줄도 정리합니다. 관의 나사를 풀고 관의 뚜껑을 열면 불빛이 시신으로 쏟아져 내립니다. 당신의 동공은 칠흑 같이 검고, 각막이 내려앉았습니다. 자연스러운 것입니다.

시신이 알몸으로 불빛 아래 누워 있습니다. 팔다리, 몸통, 얼굴, 손바닥을 뒤집거나 발을 들 때 그들의 동작은 조용히 심사숙고하는 듯 보입니다.

이 손가락들은 악기를 연주할 수 있었을까?

이 손들이 누군가에게 도움을 줬을까?

이 발들은 세상의 어느 길을 개척해 나갔을까?

하지만 이제 그런 것들은 아무 소용없는 이야기입니다. 그들은 말합니다. 모든 망자들은 시간이 흐르면서 서로서로 비슷해져 간다고요.

큰 사람, 작은 사람, 젊은이, 뚱뚱한 사람, 마른 사람.
모든 이들이 똑같이 죽어 있습니다.

그저 오늘 그들의 테이블 위를 거쳐 가는 시신일 뿐입니다.

이 지점에서 소장의 박테리아들이 아주 **빠르게** 퍼져 핏줄로 들어가 붉은 적혈구를 파괴하고 조직의 색을 바꿉니다. 모든 게 자연스러운 현상으로 진행되고 있습니다. 다만 매장될 때가 되었음을 알리는 신호입니다.

몸에 소독제를 뿌립니다. 이건 규정입니다. 이렇게나 망자 가까이에서 일을 하는 사람들 중에는 자신을 완전히 차단하는 사람들도 있습니다. 한편 누군가는 친척이라도 되는 양 장갑도 없이 혹은 다른 보호막 없이 주검을 돌보는 사람도 있습니다. 모든 얼굴 속에서 자신의 가족을 보는 겁니다.

시신의 염이 시작됩니다. 어떤 시신의 경우에는 오래 걸리는데, 병원에서 온 시신의 경우 반창고나 주입관, 붕대 등으로 칭칭 감긴 채 오는 시신이 대부분이기 때문입니다.

장례업자들은 시신을 두 부류로 나눕니다. 누군가 다른 사람이 관 안에서 봐야 할 시신과 그 나머지로요.

살아 있는 동안 망자를 알던 사람들 중에서는 아무도 시신의 얼굴을 다시 보게 되지는 않습니다. 하지만 그들은 모든 시신을 돌봐 줍니다. 적어도 바람직한 장례업체라면요.

손톱을 깨끗이 하고, 귀를 솜으로 닦습니다. 시신에 정성스럽게 비누질을 합니다. 약한 물살로 몸을 헹구고, 수건으로 톡톡 때리며 조심스럽게 닦아 줍니다. 시신의 피부는 벗겨지기 쉽기 때문입니다. 표피가 벗겨진 곳은 습기와 닿으면 잘 붙는 순간접착제를 발라 피부를 붙이고 눌러 줍니다. 머리카락에 샴푸를 발라 거품을 내서 씻어 준 다음 헤어드라이어로 말려 줍니다.

바짝 마른 피부에 보습 크림을 조심스럽게 발라 줍니다. 솜이 달린 줄을 구강 안으로 넣어 줍니다. 그것으로 목을 막아 줄 겁니다. 위에서 아무것도 흘러나오지 않도록 말입니다. 바늘과 실을 치아 뒤로 그리고 윗입술로 가져갑니다. 그런 다음 실을 바짝 잡아당겨 실의 두 끝 부분을 묶습니다. 입이 열리지 않게 하려는 겁니다. 종지에서 두 개의 작은 플라스틱 고깔을 꺼냅니다. 그건 마치 콘택트렌즈같이 생겼지만, 돌기가 달려 있습니다. 그것들을 조심스럽게 눈두덩에 붙이고 눈꺼풀을 가만히 닫습니다. 눈이 닫힌 채로 유지되도록 하기 위해서입니다. 어떤 사람은 시신용 특수 메이크업으로 뺨과 입술에 색이 돌게 해 주기도 합니다.

"시신이라도 아름답고 단정하게 보여야 하죠. 하지만 고인임이 나타나야 하고요. 생명이 빠져나갔다는 사실이요."

이제 옷만 남았습니다. 유족들이 예쁜 옷들을 골랐습니다. 당신이 제일 좋아하던 거죠. 베개도 관 안에 들어갑니다.

어떨 때는 유족들이 고인을 직접 염하고 싶어 하기도 합니다. 그럴 땐 그들의 의견을 지지합니다. 작별을 하는 좋은 방법이라고 생각하니까요.

하지만 대부분의 유족은 장례식에서 당신과 작별을 합니다. 아니면 오래된 공동묘지의 추모실에서, 재로 변하는 화장장 바로 옆에서요.

꼭 그런 건 아니지만 염을 하는 사람들은 대부분 좋은 사람들이죠. 그들은 죽음의 양면을 잘 압니다. 그들은 그의 상처를 꿰매고 그들의 흉터를 연결합니다. 그들은 말을 많이 하지 않습니다. 그저 사랑했던 사람과 남겨진 사람들이 이별할 수 있도록 준비를 할 뿐입니다.

시신 뒤에는 이제 또 다른 알파벳 하나가 붙습니다. 커다랗게 쓰인 F(Frei, 허가된)라는 글자입니다. 염이 끝났다는 의미입니다.

다음 날 아침 염 기능사는 일찍부터 지하실에 서 있습니다. 가족이 오는 날이죠. 작별을 하기 위해서. 오늘 아들을 보러 청년의 아버지와 어머니가 옵니다. 오늘은 그런 날입니다. 힘든 날이겠죠.

아이의 시신은 샤워기로 씻지 않고 부드러운 수건으로 닦았습니다. 알록달록한 어린이용 샴푸. 눈에 들어가도 따갑지 않은 것. 저녁에 일을 마치고 돌아와 자식을 씻겨 주는 아버지처럼 말입니다.

그들 모두는 이제 평화롭게 보입니다. 죽었다는 것을 간과하기 어려운 모습으로요. 그러는 편이 좋습니다. 어떤 장례업자들은 유족에게 관을 연 채로 작별하지 않기를 충고하기도 합니다. 사고나 재난으로 죽었을 경우에는 더더욱 말입니다. 하지만 어떤 곳은 얼굴을 마주하고 나누는 작별 인사를 죽음과 장례식 사이의 날들에서 가장 중요한 의식이라고 생각합니다.

유족들은 직접 눈으로 이 얼굴에 더 이상 광채가 없음을 봅니다. 그러면 그들은 생명이 없는 손을 붙잡고 있다는 것을 깨닫습니다. 껍데기만 남아 있다는 것을 말입니다. 많은 이가 그 후에 그를 보내 주어야겠다는 마음을 쉽게 먹을 수가 있다고 합니다. 비로소 삶을 마감하는 것과 같습니다. 인간에 대한 기억만을 남기고 말입니다.

머리를 한 번 더 빗기고, 그의 다리 위로 이불을 덮고 손을 포갭니다. 그러고 나서 관을 화물 엘리베이터로 밀고 위층으로 올라갑니다.

이 업체의 사장은 거기에 고인을 모시기 위해 공간을 꾸며 놓았습니다. 큰 창문으로는 정원의 따뜻하고 초록의 정경이 보입니다. 청년의 부모가 그들 뒤로 청년의 나머지 친척들과 학교 친구들도 작별 인사를 할 수 있게 해 달라고 요청했습니다. 이 업체에서는 그런 요청을 짐으로 여기지 않습니다. 그들은 작별이 생각했던 것보다 더 큰 것을 기뻐합니다.

이제 관이 올라간 상여를 따뜻한 색의 천으로 장식하고 꽃잎을 뿌려 줍니다. 마지막으로 그들은 관 안에도 한 줌의 꽃잎을 뿌리고, 그러고는 좀 어지럽힙니다. 이건 하나의 비법이죠. 옷을 입히면서 셔츠에 단추를 잠그지 않거나 넥타이를 조금 잘

못 매 놓습니다. 의도된 실수죠. 그렇게 유족들이 직접 시신을 만지게 유도해 놓은 겁니다. 관 안에 든 자식을 잘 만져 주려는 엄마의 마음을 헤아리기 위함입니다. 아이의 손이나 뺨을 다시 한 번 만질 수 있도록 말입니다.

그들 중에는 G 할머니도 있습니다. 그녀는 내일 오후에 지역의 큰 공동묘지에 매장될 것입니다. 그곳의 규정으로는 지하에 매장되는 시신은 안장 일정 전에 늦어도 24시간 동안 묘지의 시신실에 머물러야 합니다.

관이 열린 가운데 작별하는 것은 성스러운 일로 통합니다. 그 앞에서 서로 위로하고 서로를 끌어안습니다. 그들의 고통과 함께. 그리고 두려움도 함께 말입니다. 그 관에는 그들이 사랑하는 한 인간이 누워 있습니다.

청년이 제일 좋아하던 티셔츠 아래로 반창고가 보입니다. 붉어진 얼굴은 추락할 때 부딪힌 상처입니다. 모든 게 다 설명되고 나면 그들은 열린 관 안에 누워 있는 사랑하던 그를 봅니다.

긴장은 작별마다 조금씩 다른 분위기로 바뀝니다. 하지만 근본적으로는 모두 비슷합니다. 감정이 일치되는 순간입니다. 울고, 소리를 지르고, 화를 내고, 훌쩍거리고, 웃고, 웁니다. 이렇게나 고통은 큽니다. 이렇게나 사랑이 넘칩니다. 그들은 이제 다 함께 관을 덮습니다.

관 안에는 살아 있는 남은 사람들의 편지, 사진, 마스코트,

게임 피규어, 우정의 팔찌, 음악회 카드들로 가득합니다. 오로지 시신의 얼굴만이 드러나 있을 뿐이죠.

"이걸 보고 안치하는 사람들이 어떻게 반응할지 궁금하네요." 시신을 염했던 H가 조용히 말합니다. 그는 조용히 관을 도로 닫습니다. H는 자신의 죽음을 위해서 어떤 예방조치를 해놓았을까요?

그는 고인을 염습하고, 그가 고인들을 안치합니다. 그런 그가 그 자신의 죽음을 위해서는 무엇을 준비했을까요? 그는 죽음의 전문가지만, 죽음이 그에게 올 것이라고는 생각하지 않는다고 합니다.

아침의 안개 속에서 트레일러를 단 화물차 한 대가 무덤들 사이를 굴러갑니다. 묘지에 꽂았습니다. 어떤 지역에서는 아직도 묘지 파는 사람으로 부르고, 다른 지역에서는 무덤 팀이라고 부르지만, 이 지역의 큰 공동묘지에서는 무덤장인이라고 부릅니다.

G 할머니가 마지막으로 편히 잠들 곳은 오래된 땅입니다. 줄줄이 늘어선 무덤, 수십 년간 여러 번 사용되었던 곳으로, 마지막 사용권은 2년 전에 기한이 끝났습니다. 공동묘지는 무덤에 관해 기록부를 작성하는데, 그 안에 무덤의 모든 망자들의 목록이 적혀 있습니다.

그들은 판자로 무덤을 든든히 하고 그 위에 무덤용 그릴을 깝니다. 그러면 60-2-3무덤은 새 관을 맞이할 준비가 된 것입니다. 안치소들은 망자들의 길에서 의미 있는 교차로입니다. 모든 망자들이 이리로 지나가기 때문입니다. 망자들의 서류 묶음들, 매장승인 관서, 화장장 혹은 공동묘지관리소에 보냈던 모든 서식들과 팩스 모두 이 장소로 모입니다. 어떤 망자들이 도착했고, 떠났고, 안치되었고, 화장되었고, 매장되었다는 것이 기록됩니다.

어떤 시신들은 다른 도시나 혹은 다른 공동묘지로 이동되기 전에 불과 몇 분 동안만 머무는 경우도 있습니다. 시신들은 벽공에 안치된 채 매장될 때까지 하루나 이틀을 기다립니다.

모든 시신은 안치자들에게 검사를 받습니다. 그가 당신의 관으로 다가옵니다. 외부의 시각적 검사. 부딪힌 데가 없는지, 긁힌 데가 없는지, 규정대로 머리 쪽에 표식이 부착되어 있는지를 봅니다. 작은 서식에는 신상 메모와 장전에 추도식이 거행될 거라는 안내가 있습니다. 그가 관 뚜껑을 열게 합니다. 얼굴을 체크하고, 손과, 팔다리를 검사합니다. 입은 닫혔고, 눈도 감았고, 오물이 묻어 있지 않습니다. 적절한 상태의 고인임을 확인합니다. 발치의 표식도 검사합니다. 그러고 나선 옷을 검사합니다. 플라스틱 섬유는 안 되기 때문입니다.

신발은 없습니다. 신발도 허가되지 않았을 것이고 장신구도 없습니다. 장신구들은 허가되기는 하지만, 책임 소재의 문제 때문에 정확하게 기록되어야 하고 영수증을 발급해야 합니다. 그가 고개를 끄덕입니다. 고인은 규정대로 염습이 되었고 입관되었습니다. 그가 사인하고 인도절차가 끝납니다. 이로써 공동묘지와 화장장은 당신의 시신을 보관하기 위해 넘겨받았습니다.

근래는 추모식 없이 불 속으로 곧바로 들어가는 시신들도 많아졌다고 그는 말합니다. 심지어 납골단지를 위한 추모식도 생략하는 유족들이 있다고 말입니다. 관리소는 시신에 번호 하나를 부여하는데 화장 번호입니다.

이제 G 할머니의 관을 안치소 밖으로 옮깁니다. 추모객 규모는 작습니다. 할머니의 자식들, 하지만 손자들은 없습니다. 예전 이웃들과 양로원의 몇 안 되는 지인들이 모였습니다. 그들은 여사제 한 분을 모시고 왔습니다. 그분이 성경의 한 구절을 읽습니다.

"이제부터 주님 안에서 죽는 이들은 행복하다고 기록하여라, 하고 하늘에서 울려오는 목소리를 들었습니다. 그러자 성령께서 말씀하셨습니다. 그렇다, 그들은 고생 끝에 이제 안식을 누릴 것이다. 그들이 한 일이 그들을 따라가기 때문이다." 요한 계시록 14장 13절입니다.

"우리는 육체를 흙에 돌려줍니다"라고 사제가 말하자 운전사들이 관을 무덤 안으로 내립니다. "주님은 당신의 세례에서 시작한 일을 완성하십니다." 사제가 성수를 관 위로 뿌립니다.

"주님이 당신을 하늘의 예루살렘으로 데려가십니다." 그는 관 위에 향의 연기를 피웁니다.

"당신은 먼지이며, 이제 먼지로 돌아갑니다." 둔탁한 소리와 함께 첫 흙이 관 위로 떨어집니다. 뭐라 말할 수 없이 신비한 의식의 조용한 물결 속에서 들려왔을 때의 쇼크는 매우 강렬합니다. "그리고 우리는 특히 우리 가운데 있는 사람을 위해 기도합시다. 고인의 뒤를 이어 신의 면전에 나아가게 될 사람을 위해서."

사제가 "주님, 그녀와 모든 고인들에게 영원한 평화를 주소서"라고 말합니다. 돌처럼 굳은 채 그들은 사제의 기도를 들으며 한 걸음 한 걸음 앞으로 다가갑니다.

사망과의 민원 개방 시간이 끝날 때마다 호적부 공무원 O는 컴퓨터에 앉아 작업을 시작합니다. 한 해의 모든 생년월일, 결혼, 사망 건들이 순차적으로 기입되고 번호대로 분류되고 있습니다.

O는 자신의 죽음에 대해서는 어떤 조치를 취해 놓았을까요? 그녀는 웃음을 터뜨립니다. 그러고는 이렇게 말합니다. "저는 안 죽어요."

15
당신 죽음을
인정하기 위해서는
코드 하나만 있으면 됩니다

　　당신의 죽음을 완전히 인정하기 위해서는 이제 코드 하나만 있으면 됩니다. 생년월일이 누군가의 죽음을 확정하는 코드입니다. 그럼 이제 다 됐습니다. 당신은 인간적인 의미에서 죽은 것이고, 의사의 관점에서, 법 앞에서 그리고 이제는 호적부 공무원 여자 O가 당신의 죽음에 관한 처분을 인증하며 마침내 관공서의 관점으로도 죽은 것입니다.

　　죽음을 인정받기 위한 모든 신고를 마쳤습니다. 모든 기관이 당신이 죽었다는 것을 인정했습니다. 전입신고관서와 국세청, 상속법정과 주민통계청. 그 어떤 공문이라도 이처럼 간소하지는 않을 것입니다. 하지만 이 꾸밈없는 문서에는 당신의 전체

인생이 응결되어 있습니다.

당신의 졸업들 중 가장 슬픈 졸업, 마지막 성적표입니다. 바로 사망증명서. 인간의 모든 문서들 가운데에서 이 얇은 문서가 가장 큰 권력을 소유하고 있습니다. 이 한 장의 종이가 삶을 지웁니다.

당신의 관의 맨 끝, 유족들이 볼 수 없는 곳에 쪽지가 붙어 있습니다. 거기에는 화장장이 당신의 추모식을 위해서 예상해 둔 시간표가 들어 있습니다. 대략 45분 정도라고 책정되어 있습니다. 표준적으로 걸리는 시간입니다. 자상한 장례업체는 언제나 두 배로 예약을 해 두는데, 눈물을 흘리는 중에 누구라도 시간에 쫓겨서는 안 되기 때문입니다.

그들은 당신의 관을 불빛 아래로 조금 밀어서 관을 보는 시선을 조금 따뜻하게 만듭니다. 전면에는 당신의 친구들이 가장 당신다운 모습을 고르기 위해서 그렇게 오래 걸렸던 바로 그 사진이 놓여 있습니다.

이 사진 속에서는 모두가 웃고 있습니다. 오랫동안 병을 앓다가 갑자기 죽고 만 모든 이들, 아이들, 어른들, 모든 망자들 모두 미소를 짓습니다.

모든 살아 있는 사람들이 그렇게 웃는다면 세상이 어떻게 보일까요. 많은 생각이 듭니다.

관이 놓여 있는 상여를 헝겊으로 덮습니다. 어떤 이들은 망자가 건널 강과 같은 색인 파란색을 원하고, 어떤 이들은 사랑의 색인 빨간색을, 또 어떤 이들은 슬픔의 고통에 맞서기 위해 알록달록한 색을 원합니다.

관 주위에 꽃잎을 뿌리고 관 뚜껑 위를 부케로 장식합니다. 그러고는 모든 양초에 불을 붙입니다. 어느덧 당신의 관은 촛불 가운데 있습니다. 사방이 반짝거리고 불꽃이 타오릅니다. 많은 불빛, 최대한 불빛이 많은 게 좋습니다.

당신을 그리워하는 사람들은 망설입니다. 그들은 이 문지방을 꺼립니다. 그들은 이곳에 들어오고 싶어 하지 않고, 발걸음을 내딛고 싶어 하지 않습니다. 용기를 내서 추모식을 위한 공간의 문이 열려 있음을 보여 줄 누군가가 필요합니다.

당신이 인생에서 행운이 많은 사람이었다면,
그리고 당신이 인생을 사랑했었다면,
그만큼 많이 모일 사람들입니다.
그들의 수는 어떤 공간이라도 꽉 채웁니다.
어떤 친구는 당신을 친구로 여기지 않았을 수도 있고
그래서 오지 않을 수도 있습니다.
하지만 당신을 잘 알았거나 잘 알지 못했거나
조금만 알았어도 어쩌면 중요한 노트에 적어 놓았을 겁니다.
'장례식에 갈 것. 장례식에는 꼭 갈 것'이라고요.

귀찮을지도 모르고 성가시고 시간도 써야겠지만 이 추모객

모임은 큰 힘을 가지고 있습니다. 그 힘은 당신의 관을, 당신의 죽음을 보는 사람들에게, 이 장면을 보는 사람들이 그들뿐만이 아님을 보여 줍니다. 그 힘은 죽음 전에 당신에게 하나의 공동체가 있다는 것을 증명해 줍니다.

예전의 장례식에서는 처음에 언제나 시편 27장 "주님은 나의 빛, 나의 구원"을 읽으며 시작했습니다. 지금은 사라졌죠. 이 변화를 애석해하는 사제들은 말합니다. 다른 모든 오랜 의식들도 사라지는 중이라고요. 하지만 바로 이 점 때문에 당신의 삶과 본성에 맞는 방식대로 작별을 계획하는 게 쉬워졌습니다. 이 점 때문에 모든 이들에게 감동을 주는 하나의 방식으로 작별하기는 어려워졌습니다.

망자들이 미소를 짓습니다.

모든 살아 있는 사람이 그렇게 웃는다면

세상이 어떻게 보일까요.

그들이 당신의 관이 놓여 있는 상여를 헝겊으로 덮습니다.

어떤 이들은 파란색을, 어떤 이들은 빨간색을,

어떤 이들은 알록달록한 색을.

커다란 촛불을 켜거나 촛불을 여기저기에 배치하고

은은한 색의 유리잔 안에 심을 넣은 초를 놓기도 합니다.

관 주위에 꽃잎을 뿌리고

당신의 옆으로는 초록색 잎들을 조금 뿌리고

관 뚜껑 위를 부케로 장식합니다.

16

죽음 가운데
삶을 기리는 것은
쉬운 일이 아닙니다

죽음 가운데 망자의 삶을 기리는 것은 쉬운 일이 아닙니다.

누군가와 무엇을 위해 또는 어떤 목적을 위해 한 방향으로 곧장 나아가기만 했던 인생의 길,

서로의 존재를 당연하게 여겼던 사랑하는 이들,

크고 작은 행운들, 그의 삶들.

어떨 때는 문장 하나로 족합니다.

어떨 때는 복잡하게 얽힌 추억 하나로도 충분합니다.

그러고 나면 환하고 명료하게 당신이 어떤 인간이었는지가 밝혀집니다.

당신이 얼마나, 왜 중요한 존재였는지가 드러납니다.

아버지 혼자서 키워 냈던 아들은 아버지가 죽기 전에 그에게 어떤 작별의 말을 했었는지를 이야기합니다. '애야. 늘 조심히 살아라.' 남편과 단순한 삶을 영위했던 아내는 그가 가졌던 신념을 이야기합니다. 오랜 친구를 기억하고 싶은 남자는 앞에 서서 울고 또 웁니다.

가장 아름다운 추모식은 단 한 사람이 추모 연설을 하는 게 아니라 여러 사람이 하는 경우일 때가 많습니다. 당신에 대해서, 모두가 당신에 대해서 서로 이야기를 나눌 때 말입니다.

언어는 음악에 비해 그렇게 많이 울음을 터뜨리게 하지 않습니다. 그들은 당신이 좋아했던 곡들을 틉니다. 그들은 당신이 전하고 싶은 메시지가 담긴 곡들을 틉니다. 그들은 그들만이 그 곡의 의미를 아는 곡들을 틉니다.

예전에 잊어버린 유행가와 바다의 파도소리를 틉니다. 그 당시와 같은 곳 해변에서 녹음한 소리를. 거친 뱃사공의 노래나 이제 절대 예전과 같을 수 없는 그 장소로 가는 길에서 채취한 소리를 들려줍니다.

자장가를 틀고, 직접 노래나 연주를 하는 때도 많습니다. 부모들은 자식들을 위해 시끄러웠던 음악, 삐삐의 음악, 아이들의 세계를 이루던 음악을, 그들이 좋아하던 그대로 틉니다.

음악은 이 순간에 그렇게나 큰 힘을 가지고 있어서, 당신을 알았다는 것을 기뻐하는 마음도 아주 조금과 이 작별 뒤에는 무엇이 올지에 대한 두려움과 희망 조금과 슬픔과 다른 무엇으로 천장 꼭대기까지 가득 채웁니다.

줄을 지어 당신과 작별하기 위해 관 앞으로 모여듭니다. 그러고 나면, 그것으로 그냥 추모식은 끝이 납니다. 사람들은 가고, 홀은 텅 비고, 거기에는 불빛에 둘러싸인 채 여전히 당신의 관이 있습니다. 그러면 끝입니다. 장례업자들이 서둘러 모든 준비물들을 거두고 촛불을 끄고 바닥의 꽃잎들을 쓸어 담으면 끝입니다.

"이제 그럼"이라고 감독이 말을 합니다.

"다음에 또 봅시다." 운전사들이 말합니다.

그들은 자신의 죽음을 위해 무엇을 준비했을까요?

17
그리고
불빛에 둘러싸인
당신의 관이 있습니다

당신의 시신이 화장을 위해서 대기 줄에 섰을 때 냉기가 시신 쪽으로 마주 불어옵니다. 장례인들은 그 관을 스테인리스 금속으로 된 육중한 문을 통해서 하얀 타일로 장식된 공간에 밀어 넣습니다. 그 안에는 스무 명의 다른 고인들이 의사를 기다리고 있죠.

보건소 담당 의사가 매일 그곳으로 옵니다. 지역 보건복지부에서 인증을 받은 의사입니다. 독일의 경우 매장법 제 15조1항, 매장법시행령 9조, 공동묘지 및 매장법 제 20조1항에 따른 법들로 전국적으로 같습니다.

화장은 추가적인 검안을 실시하여 고인이 자연스럽게 죽었다는 사실이 판명될 때에만 허가됩니다. 그 이유는 흙 속에 매장된 시신은 혹시라도 죽은 방식이나 사망의 원인이 의심되는 경우 사체를 도로 꺼내서 조사할 수 있지만 화장된 시신은 회복이 불가능하게 파괴되기 때문이죠.

직원들이 관들을 한 줄로 옮기면, 의사가 다가옵니다. 그는 두꺼운 회색 봉투 묶음을 손에 쥐고 있습니다. 사망진단서들입니다. 그가 고개를 끄덕이자 직원들이 관을 하나하나 열기 시작합니다. 어떤 망자는 머리를 다듬고 그의 가장 예쁜 옷을 입고 있고, 다른 망자들은 병원의 환자복 차림에 팔에 주삿바늘이 꽂혀 있는 채 누워 있습니다.

보건부 의사는 비닐장갑을 끼고 망자들을 검안하기 시작합니다. 그는 매우 빠르게, 매우 집중해서 작업합니다. 망자들의 팔과 다리를 만져 보며 접골된 뼈가 없는지 확인합니다. 팔다리를 들어 올려 궤양이나 다른 종류의 상처가 발견되는지를 검사합니다. 가슴과 배를 검사합니다. 손가락으로 목덜미와 목을 조사합니다. 그는 핀셋으로 눈꺼풀을 들어 올려 봅니다.

마지막으로 비공개 부분, 1페이지 1단락 a)에서 c)에 해당하는 부분을 힐끗 봅니다. 첫 번째 사체 검안자는 어떤 죽음의 인과관계를 알아냈을까요? 그건 논리 정연할까요? 이번 두 번째 검안에서 첫 번째 검안에 모순되는, 즉 자연스러운 죽음이 아니라는 정황이 발견되었나요? 만일 그렇다면, 이 지점에서 다시 법의학적인 검사를 받아야 합니다.

그는 이제 망자의 옷을 벗기고 차가운 몸을 검사합니다. 이때가 육체가 사람의 손길을 받는 마지막 시점입니다.

모든 게 정상입니다. 기입된 것과 다른 사망 원인을 의심할 단서가 없습니다. 의사가 고개를 끄덕이자 직원들이 관을 닫습니다.

그들은 관 뚜껑 옆으로 실링 테이프를 붙여 그것으로 관을 봉합니다. 이제부터는 불에 들어갈 때까지 아무도 관을 열지 않습니다. 보건부 의사의 검안이 끝났을 때 직원들은 관을 저장소로 밀어 옮겼습니다. 천장은 낮고 엄격한 불빛이 켜져 있습니다. 한쪽에는 거대한 에어컨의 프로펠러가 달려 있습니다.

얼어붙은 냉기 속에 아주 많은 관이 안치되어 있습니다. 적어도 50구는 되어 보입니다. 살아 있는 사람을 위한 공간은 엉덩이가 간신히 들어갈 정도 넓이의 통로뿐입니다.

직원들은 관에서 모든 인공 재료로 된 손잡이와 금속 십자가들을 제거했습니다. 직원들이 관을 대기 줄의 맨 뒤에 놓아둡니다. 네 개의 줄 앞에 관 하나가 앞으로 나가 있습니다.

화장장 주인은 K씨입니다. 그는 40세의 남자로 조립 공장의 수공업자들이 입는 강화보호복을 입고 있습니다. K는 자유 시간에 시계를 수집합니다. 매일 2교대 작업, 4개의 화덕에서 저장소의 거의 모든 시신들이 재로 변합니다. 하지만 공간이 비어 있는 때는 없습니다.

K가 말합니다. "이 작업은 어쩐지 마음을 안정시키는 요소

를 가지고 있어요."

교대근무를 끝내고 세상으로 돌아오면 거리의 교통체증, 연
착된 기차, 심지어는 날씨에도 격양하는 인간들을 보게 됩니다.
그럴 때 그는 다시 한 번 깨닫게 됩니다.

사람들이 아무 이유도 없고 의미도 없는 일에 화를 내고 있
는 걸 보게 될 때마다 얼마나 덧없는지를 말입니다.

두 명의 직원들이 관저장소로 들어옵니다. 불속으로 들어갈
다음 순번을 위해 목록에 있는 숫자와 이름을 체크합니다. 직원
들은 목록 위의 사망자마다 표시를 한 뒤, F가 새겨진 빨간 도
장을 관의 쪽지에 찍습니다. 화덕의 직원이 이 관은 준비가 되
었음을 곧바로 알 수 있도록 말입니다. 이 광경을 함께 지켜보
던 내게 K가 말합니다.

"여기 누워 있는 사람들, 모두 영원히 살 줄 알았을 겁니다."

이 직원들은 화장장 관리인이라고 불리는데, 일상에서는 화
덕에서 작업하는 남자들을 그냥 화부라고 부릅니다. 각각의 화
덕은 무게가 몇 톤이나 나가는 시설로 연소실과 폐기 가스관으
로 이루어져 있어 마치 중공업 산업 현장의 시설처럼 보입니다.

근래의 화장장 중에는 유족들이 그들의 고인을 차단된 화덕
바로 앞까지도 동행할 수 있도록 설비되어 있는 곳도 있습니다.
관이 철로 같은 선을 따라 화덕 안으로 들어가는 것을 볼 수 있

게 합니다.

어떤 곳은 자동 로봇 장치로 관들이 코드에 따라 화덕 안으로 들어가도록 제어하기도 합니다. 하지만 이곳은 네 줄의 육중한 화덕에 연소실이 각각 3개가 포함되어 있습니다. 가스 산업 점화의 방식으로 불을 때죠. 지게차가 관을 허공으로 들어 올리면 당신의 첫 번째 화부가 3번 라인이 가능하다고 알려 주고, 화덕으로 들어가는 문이 열립니다. 내부에는 빨간 불꽃이 타오르고 있고, 둔탁한 아치형 천장은 열기에 이글거리죠.

관은 미동도 하지 않고 열기 속에 그대로 있습니다.

그러고 나면 이제 화덕이 관 위로 충분한 열기를 불어넣습니다. 가스 방울을 뿜고, 불꽃이 거칠게 솟아오릅니다. 불이 관을 감싸 버립니다.

18

불 속에서
당신 몸의 윤곽은
무너져 내립니다

관은 연소실 안에 거의 한 시간을 머뭅니다. 관이 일단 불을 받기 시작하면, 10분도 되지 않아서 관의 뚜껑이 부서지죠. 불꽃이 육체를 휘감고 머리카락과 피부를 태우기 시작합니다. 죽은 육체의 근육은 열기 속에서 오그라들고 아주 잠시 동안 마치 시신이 팔을 들거나 다리가 안으로 접히는 것처럼 보입니다. 몸에 들어 있던 수분은 섭씨 800도가 넘는 온도 안에서 증기가 되어 날아갑니다.

"인간이란 무엇일까요?" K가 묻습니다.

제가 심각하지 않게 응대합니다. "매우 품질이 좋은 해파리죠. 우리 몸은 대부분 물로 이루어져 있잖아요." 이 우스갯소리가 그저 가볍지 않게 느껴지더군요.

몸의 지방은 액체화되어 기름이 되고, 조직을 끓여 버립니다. 육체를 다 태웁니다. 뼈들은 시커멓게 그을립니다. 육체의 윤곽이 무너져 버립니다. 형태가 해체됩니다. 재와 잔해만이 다음 완전연소실로 들어갑니다. 거기서 다시 추가 연소실로 갑니다. 그 후에는 화장의 연기 가스마저 연소가 됩니다.

인간이 살아 있는 동안 모았던 모든 독성 물질이 화장을 통해 방출됩니다. 다이옥신, 퓨란, 흡연자의 경우에는 '더더욱'이라고 K가 말합니다.

배출 가스는 육체가 5개 기둥의 굴뚝 밖으로 연기가 되어 날아가기 전에 사이클론 분리장치와 섬유 필터를 통해 정화됩니다. 거의 두 시간 만에 화부가 재가 담긴 서랍을 열어 시신과 관에서 타고 남은 잔해들을 삽으로 꺼냅니다.

재를 담은 수레의 벽에서 재가 송이송이 떨어져 내리고 부서진 뼈들과 당신의 번호가 새겨진 내화 벽돌이 떨어집니다.

수많은 이야기를 가졌던 육체에서 남은 것은 고작 4킬로그램이 채 못 됩니다. 법 앞에서는 이 재들도 역시 시신으로 간주됩니다. 관 안에 든 시신과 마찬가지의 법적 보호를 받습니다.

잔해에 관련된 법은 엄격합니다. 재는 나뉘면 안 됩니다. 화덕에서 나온 모든 것은 납골 단지에 들어가야 하죠. 하지만 언제나 그런 건 아닙니다. 인공 관절의 경우는 다릅니다. 이 경우 화장 종사자들은 큰 금속 조각은 꺼내도 된다는 결재를 받습니다. 그것들은 모여 재활용됩니다.

귀금속의 경우에도 다릅니다. 치아의 금 보정물, 마지막 순간까지 손가락에 끼어 있던 결혼반지, 그것들은 화장 후에도 재와 함께 납골 단지 속으로 들어가야 합니다. 흔히 그렇게 하고 있기도 하고요.

이따금씩 함부르크에서 수년 전에 화부들이 재속에서 금을 집어내 훔치려는 시도를 한 적이 있습니다. 화장업계가 규정을 피해가는 사각지대라고 볼 수 있습니다.

법에서 재를 나누는 것을 허락하지 않지만 그렇게 되는 경우도 있습니다. 재의 한 부분을 보관하고 싶어 하는 유족이 있기 때문입니다. 그 경우를 위한 몇 가지 캡슐이 있습니다. 부모님의 재를 각각 한 숟가락씩 총 두 숟가락 분량이 들어갈 만한 크기의 보석함이나 미니 단지.

하지만 사실 모두 불법입니다. 그저 망자의 세상에서 잘 알려진 비밀일 뿐입니다. K는 단호했습니다.

"잘못하는 거라고 생각해요. 재는 안치해야 해요. 전체를 모두요. 결국 어떤 일이 벌어지겠어요? 만일 유족들이 전부 한 줌씩 가져야겠다고 하면 말이죠."

화부가 잔해를 포함한 재가 담긴 카트를 재작업을 위해 옮깁니다. 그는 부패 가능한 단지에 재 번호를 적어 넣고 재 물레의 출구 아래 놓습니다. 그러곤 재를 분류 쟁반에 쏟아부어 자석으로 금속성 물질을 다 골라냅니다.

관의 못, 어쩌면 인공 관절 등. 그리고 나머지를 물레에 넣습니다. 스르륵 하는 소리와 함께 기계가 잔해 속의 뼈들을 성근 알맹이의 회백색 가루로 갈아 단지 안으로 넣어 주죠.

화부는 맨 위에 불 속에 들어갔던 내화 벽돌을 놓고, 단지를 닫고 봉합니다. 이제 납골 단지 스티커가 붙습니다. 거기에는 당신의 이름이 적혀 있고, 당신의 재 번호와 인생의 주요 정보들이 있습니다. 출생, 사망, 화장일이죠.

당신의 추모식은 성대했습니다. 그들은 당신의 납골 단지를 작은 모임의 가운데에 놓고, 당신의 가족들, 당신의 제일 친한 친구들. 그들이 삽으로 당신의 무덤에 직접 흙을 던져 넣었죠.

청년의 재도 그의 가족들이 매장해 주었습니다. 어린아이의 매장은 축제와도 같았죠. 공동묘지가 꽉 찼습니다. 아무도 검은색 상복을 입지 않았습니다. 그게 그 아이의 소원이었으니까요.

또 아이가 해적을 좋아했기 때문에 추모객들은 눈가리개를 착용하고 삼각형 모자를 썼죠. 어른들은 주름 장식의 셔츠에 손에는 해적의 갈고리를 착용하고, 아이들은 망원경과 해양 지도와 나침반과 보물 상자를 들었습니다. 그들은 관을 직접 무덤으로 옮겼고 아이들의 긴 행렬, 꼬마용 코코스누스의 노래를 불렀습니다. 그 노래는 꼬마용이 너희들 모두에게 불처럼 뜨거운 용의 인사를 전한다는 가사입니다.

잘 가, L 꼬마야. 잘 지내.

PART 3

살아남은 사람은
뭘 어떻게 해야 할까요?

19
텅 빈 느낌이
당신의 죽음을
슬퍼하는 사람들을 엄습합니다

이 정적. 이 텅 빈 느낌.

그것들이 남겨진 사람들에게 엄습해서, 똬리를 틉니다.

당신이 숨을 쉬고 말하고 웃었던 공간들은 텅 비어 있습니다.

책상의 주인이 없습니다.

당신의 목소리는 들리지 않습니다.

당신의 침대는 비어 있습니다.

상실감이 이렇게 생생할 수가 있을까요?

변화가 이렇게도 분명하게 인지될 수가 있을까요?

당신의 죽음 전에는 '조용하다'거나 '비었다'는 개념은 생명
이 없는 단어들이었습니다. 하지만 이제 당신과 가까웠던 사람
들은 조용함과 텅 빔의 생생한 의미를 알게 되었습니다.

잠들지 못하는 정적, 라디오도 TV도 깨지 못하는 정적. 아침이면 당신의 호흡을 그리워하는 정적.

바로 이 순간에 그들의 감각으로 슬며시 들어오는 텅 빈 공허함. 그들이 당신을 부를 때의 그 고요함. 옆자리의 공간, 눈물 흐르는 정적, 눈물 없는 정적. 그들 안의 수많은 이름의 공허감들이 쌓여 갑니다.

당신이 죽고 난 후 처음 며칠이나 몇 주 동안에는 고통이 엄습합니다. 고통, 하지만 그게 다가 아니죠. 추모의 슬픔은 감정이 전부가 아닙니다. 추모의 슬픔은 많은 감정입니다.

두려움, 쇼크, 분노, 공포, 걱정, 안심, 외로움, 무력감, 후회, 격앙, 답답함, 사랑, 동경, 혼란, 언짢음, 버림받은 느낌, 죄의식, 감사, 한, 곤란, 심드렁함, 불신, 의지할 데가 없다는 느낌. 당신을 알았고 사랑했고 함께 살았다는 것에 대한 기쁨, 희망 없음, 좌절.

이 모든 기분과 감정들이 변덕스럽게 오가고, 그것들은 갑자기 변하기도 합니다. 마구 날뛰고 몰아치죠.

어떤 이들은 소리를 지르며 이 감정들을 쏟아 냅니다. 어떤 이들은 계속해서 같은 이야기를 반복함으로써 그 감정을 표현하고, 그 감정들에 대해서 탄식합니다. 어떤 이들은 그걸 억눌러 삼켜 버립니다.

그들은 혼자만 간직하고 그것을 곱씹어 생각하며 감정들의 의미를 찾으려고 합니다. 이 모든 게 자연스러운 일입니다.

인간은 누구나 슬픔을 소화하는 자신만의 방식을 갖고 있으니까요.

당신과 관련된 사람들은 모두 다르게 이 감정들을 느낍니다. 당신의 연인은 가장 많은 추억을 나눈 반려자를 잃은 것을 슬퍼합니다. 특히 나이가 많다면 당신의 존재 그 자체를 아쉬워할 것입니다. 함께한 세월 뒤에 갑자기 당신의 연인이 혼자가 되었습니다.

어떤 사람들은 이 감정들을 종합적으로 모두 또 어떤 이들은 몇 가지 감정들만 체험하게 되겠죠. 하지만 그중에서 매우 흔하게 일어나는 감정도 있습니다. 바로 당신의 죽음을 믿고 싶어 하지 않는 감정입니다.

당신의 죽음을 슬퍼하는 사람들은 모두 당신의 죽음을 믿고 싶어 하지 않습니다. 그들은 생각합니다. '이건 아니야. 이건 악몽일 뿐이야.' 이것 역시 지극히 자연스러운 일입니다. 그들의 감정과 사고는 당신의 죽음을 여전히 받아들이지 못하고 있다는 사실입니다.

이런 슬픔을 잘 모르는 사람들은 대부분 이해를 못하죠. 하지만 당신은 죽었습니다. 그 어떤 것도 죽음보다 더 결정적일 수는 없습니다. 도대체 무엇을 이해하지 못하겠다는 걸까요?

그러나 죽음을 사실로 받아들이는 능력은 현실과는 상관이 없습니다. 모든 사실관계, 사망진단서에서부터 장례식에 이르기까지 죽음이 결정적인 것임을 말해 주는데도 당신을 그리워하는 사람들은 그것을 인정하기를 거부합니다. 남한테 말하지는 않지만, 피부로 와닿지는 않지만, 내면 깊숙이, 그들의 사고와 속 깊은 곳에서 말입니다.

어떤 사람들은 그들의 망자에게 몇 달간 계속해서 입을 옷을 골라 주죠. 마치 그가 지금이라도 문 앞에 나타날 것처럼. 또 어떤 이들은 주거지가 아닌 다른 곳에서 맞은 갑작스런 죽음 후에, 강박증처럼 서둘러 집에 들어가야 한다고 느끼기도 합니다. 분명히 고인도 집으로 돌아올 것이라고 믿기 때문입니다.

<u>그들은 당신을 잃었습니다.</u>

당신의 목소리, 눈길, 당신의 손의 촉감, 당신의 머리카락 냄새를, 당신 몸의 따뜻함, 힘, 능력, 지식, 경험을 잃었습니다.

당신의 기분, 당신의 제스처, 사랑을 잃었습니다. 그들은 당신 안의 그렇게나 많은 것들을 잃었고 그 뒤에도 끝없이 많은 것들을 잃었습니다.

죽음 뒤의 상실은 당신만을 포함하는 게 아니라, 당신을 나타내는 모든 것을 포함합니다. 그들은 사랑하는 사람 한 명을 잃었을 뿐만 아니라,

자식을 잃었고,

아내를 잃었고,

남편을 잃었고,

아버지나 어머니, 가장 친한 친구, 어쩌면 식당의 요리사를, 가족의 기둥을, 유일한 경제적 주체를 잃었습니다.

또한 호칭을 잃었습니다. 자식이 없어진 부모가 여전히 부모인가요? 아내 없는 남편이 계속 남편으로 불릴 수 있나요? 아니면 그는 이제부터 즉시 자신을 홀아비로 이해해야 하나요?

그들은 당신이 일터에서 받던 임금을 받지 못하게 되고, 당신의 연금의 혜택, 어쩌면 아파트나 집, 친척들과의 연락, 당신의 사회적 네트워크, 당신의 인간관계와 당신의 지식을 잃어버리게 됩니다.

이렇게 가려진 상실들을 동반 손실이라고 부릅니다. 그들은 당신을 단지 현재에서 잃을 뿐만 아니라 당신과의 미래를 함께 잃습니다. 학자들은 이 상실을 이렇게 표현합니다.

'인생의 역사가 책 한 권이라면 어느 한 페이지에서, 갑자기 어느 한 줄에서 모든 미래를 위한 장들은 찢겨 나가 중단되는 것'이라고요.

당신이 언젠가 갖게 되었을지 모르는 자식들, 어느 날 당신이 그들에게 선사해 주었을지도 모르는 손자들, 꿈, 여행, 곧 이뤄졌을지도 모르는 소망, 모든 것이 파괴됐습니다.

<u>모든 게 사라졌습니다.</u>

남겨진 사람들은 쇼크에 빠질 때가 많습니다. 죽음에 대한 슬픔은 단지 정신만을 힘들게 하는 게 아니죠. 그 슬픔은 몸에

도 영향을 끼칩니다. 이 부분은 감성적 부분보다 주목받지 못합니다. 병의학에서도 마찬가지죠. 그렇지만 증상은 여러 가지입니다.

누군가는 슬픔이 목구멍을 가득 메운 나머지 질식한다는 느낌을 받을 정도죠. 어떤 이들은 위의 통증으로 몸을 구부리고, 어떤 이들은 경련을 느끼기도 합니다. 어떤 이들은 어지럼증을, 또 어떤 이들은 팔다리가 무감각하거나 저리다고 느끼죠. 어쩌면 당신의 죽음을 슬퍼하는 사람들은 그들의 심장 주위로 무엇인가가 조여들거나 꽉 누른다는 느낌을 받을지도 모릅니다.

어쩌면 그들의 뺨에 흐르는 눈물이 너무 뜨거워 피부를 태우거나 긴장시킨다고 느낄지도 모릅니다. 어쩌면 소화가 전혀 안 될지도 모르고. 마치 영혼이 밖으로 빠져나가는 것만 같습니다.

그들은 때때로 자신들이 체험하는 것이 이상하다거나 병적이라거나 미쳤다고 생각합니다. 그건 자연스러운 일입니다. 그들은 그저 슬퍼하는 중일 뿐이거든요. 내면의 동력 역시, 보통은 믿고 맡길 수 있던 판단 시스템이 고장이 나기도 합니다.

많은 이가 식욕을 잃습니다. 음식을 생각하는 것만으로도 토할 것 같습니다. 다른 이들에게는 먹어도 먹어도 채워지지 않는 배고픔이 엄습합니다. 슬픔 때문에 물을 마시는 걸 잊어버립니다. 하도 울어서 눈물이 육체를 말리기 때문에 탈수가 됩니다.

또 다른 이들은 술을 엄청나게 마시기 시작합니다. 잠을 이루지 못하거나 쉼 없이 잠을 자기도 합니다. 그들은 감각을 잃어버린 듯 느낍니다. 아무것도 실제적인 것으로 느껴지지 않습니다.

남겨진 이들이 느끼는 당신 없는 첫 주를 황량하고 황폐한 사막 같은 것으로 묘사합니다. 대부분은 사람 손길이 닿지 않은 야생 숲으로, 어떤 사람은 수 킬로미터를 지나갔음에도 늘 똑같은 풍경 같다고 묘사하기도 합니다.

그렇게 그들은 이 시기의 혼돈에 의미를, 어떤 의미라도 부여하려고 노력합니다. 하지만 많은 이들이 훗날 이 시기의 이런 노력들이 소용없는 짓이었다고 생각합니다. 추모의 슬픔이 어떤 형태를 취하든 그리고 어떤 감정들 속에 표현되든 말입니다.

이 모든 형태들은 공통점을 가지고 있습니다. 추모의 슬픔은 통계로 말할 수 있는 상태가 아니라는 점이죠. 그들의 고통은 점점 불어나고 높이 솟구치고 잔잔해지는 파도 같습니다. 그것은 훨씬 더 난폭해지거나 갑자기 밀어닥칩니다. 잠잠한 시간이나 순간들도 있습니다. 한동안 시간이 흘러서야 언제 그 파도가 가장 무섭게 솟아오르는지 알게 됩니다.

아침마다 잠에서 깨어난 직후의 몇 초, 그러곤 즉시 슬픔이 그들을 기습하죠. 당신의 사망증명서가 호적부의 인쇄기에서 출력된 뒤 집으로 날아오면 공식적인 말소가 시작됩니다. 당신은 살면서 많은 흔적을 남겼습니다. 마음에 남긴 흔적, 표어들이나 사망 부고의 표현들처럼, 기억에 남긴 흔적들입니다.

하지만 무엇보다도 데이터에 흔적을 남겼죠. 문서와 데이터. 이런 흔적들은 첫 번째로 말소됩니다. 이 과정은 죽음이 관공서에서 인정이 되고 나면 즉시 진행되기 시작합니다. 자동으로 공문들이 관서나 관청들을 거치게 됩니다. 그리고 도처에서 컴퓨터와 공무원들이 당신을 살아 있는 자들의 목록에서 지우기 시작합니다. 컴퓨터에서 몇 가지 손길을 거치면 금방 해결됩니다. 더 이상 투표권자 명단의 구성원이 아니죠.

출생기록부 가장자리에는 그에게 닥칠 죽음의 시간과 장소를 기록될 자리가 있습니다.

이제 출생지 호적부 기록을 펼쳐 사망을 기입하고 당신을 말소합니다. 그렇게 한 사람의 삶의 공식적인 흔적들이 모두 삭제됩니다.

남아 있는 사람은 이 사실을 우편으로 통보받습니다. 어쩌면 맨 처음에는 국세청, 소유물이나 재산이 있었다면 상속자가 먼저 받게 됩니다. 하나는 연금공단에, 하나는 의료보험공단에, 당신의 유족들이 발급 신청한 추가 부수들은 여러 곳에 당신의 죽음을 알리는 용도로 쓰이죠.

은행, 우체국, 마을금고, 수도 및 전력공사, 피트니스 센터나 신문배달부, 책임보험사, 생명보험사, 가재손상보험사에도 알려야 하고, 직장의 임금 지급 라인 또는 교회의 신자 명단, 운

전면허증, 세금 D번호, 이메일주소, 전화번호부, 아이디와 비밀번호가 말소되어야 합니다.

남겨진 그들이 이 모든 삶의 청산 작업을 진행합니다. 해약을 하고, 취소하고, 취하하고, 무효화하고, 말소하고, 주문을 끊습니다. 이 모든 게 사망증명서의 힘으로 이루어지죠. 마치 마술봉처럼 삶의 또 한 가지 증거가 공중으로 사라집니다. 이것은 매우 당황스러운 경험입니다.

그들 모두 어떻게 아무런 항의 없이 당신의 죽음을 잘 받아들이는지. 얼마나 사무적으로 대하는지. 당신을 잃은 상실을 세상이 얼마나 무관심하게 받아들이는지 모릅니다.

보이지 않는 벽, 도저히 극복할 수 없는 세상으로부터의 고립을 느낍니다. 마치 세상으로부터 차단되는 듯한 느낌을 경험합니다. 그들은 이해할 수가 없습니다. 당신의 죽음도 그리고 당연한 듯 일상생활이 계속된다는 것을요.

"이게 어떻게 가능한 거지? 어떻게 이럴 수 있어?"

당신이 죽은 지는 한 달이 채 되지 않았는데 말입니다. 그 상실이 아직 이렇게나 생생한데 말입니다. 상처는 그대로입니다. 하지만 당신은 세상에서 사라졌습니다.

그렇다 해도 아직 당신을 기억하게 하는 모든 것이 그대로 남아 있습니다. 옷들, 그 안에 든 냄새, 칫솔, 당신의 아이들, 당신의 열쇠꾸러미. 당신이 제일 좋아한 노래. 책들과 휴대폰, 안경과 지하실에 쌓인 빌어먹을 잡동사니까지.

당신은 가고 없지만 수많은 방식으로 아직 존재합니다. 사물이 기억에 그림자를 드리웁니다. 그건 단순한 물건일 뿐만 아니라 상징이기도 합니다. 다른 이들에게는 중요해 보이지 않는 시시한 물건들이라도 그렇습니다.

구겨진 시장보기 쪽지조차도 그 안에 당신의 생각을 담고 있습니다. 당신의 방의 무질서조차 더 이상 화나게 하는 무엇이 아니라 기념비가 됩니다. 남겨진 이의 슬픔을 아직 모르는 사람들은 이 물건들이 가진 두 번째 얼굴을 모릅니다.

그래서 경험 있는 이들은 한 가지 조언을 합니다.
누구든 그들을 도와주려거든 물어보기 전에 씻지도, 버리지도, 정리하지도 말라고요.

이 빈 와인 병, 이건 그가 생전에 마지막으로 마셨던 그 와인이었습니다. 정리되지 않은 구겨진 이부자리, 거기에는 그의 몸의 흔적이 남아 있습니다. 지저분한 빨랫감, 거기에서 당신의 냄새가 나죠.

슬픔은 여러 가지 방식으로 남겨진 이들을 외롭게 만듭니다. 어쩌면 그들은 모든 이와 연락을 끊고 지낼지도 모릅니다.

어쩌면 계속 당신에 대해서 이야기를 하는 것이 자신을 고립시킬지도 모릅니다. 어쩌면 침묵만 하는 것이 고립시킬지도 모르고. 그것을 참아 낼 수가 없을지도 모릅니다.

일상의 사람들, 수천 가지의 의미 없는 사소한 일들을, 세상을 텅 빈 눈으로 바라봅니다. 고통스러운 깨달음 속에서 죽음과 상실이 인생에 속하는 것임을 깨닫습니다. 무엇이 정말로 중요한 것이냐는 의미에 대한 질문에 그들은 명확한 대답을 배웠죠. 이 명료한 깨달음 때문에 다른 사람들의 행동들이 의미 없이 느껴지게 됩니다.

모든 게 중요할 것 없어 보이니까요. 모든 게 하찮아 보입니다. 그들은 정말로 중요한 것과 나머지를 극단적으로 구분합니다. 이런 타협 없는 태도가 다른 사람들에게는 충격을 주죠. 그러고 나면 스스로를 고립시킵니다. 그래서 위로하던 사람들은 그들에게 접근할 수 없다고 느낍니다. 그들은 완전히 자기 자신 안으로 숨어 들어갑니다.

그렇게 시간이 조금 흐르면 그들은 당신에게 뿐 아니라 다른 모든 이에게서 버림받았다는 느낌을 받습니다. 이렇게 그들은 이중적으로 버림받았다는 느낌을 받습니다. 그것은 지독한 외로움입니다.

죽어가는 어린 아들이 차갑게 식을 때까지 품에 안고 있던 아버지는 며칠 뒤 혹독한 괴로움 속에서 일터로 나가죠. 그는 국제적으로 유명한 회사에 다닙니다. 그가 퇴근 후 자동차에 몸을 실었을 때 휴대폰이 울립니다. 그가 잘 모르는, 한 번도 이야기를 나눠 본 적이 없는 동료의 전화입니다. 동료는 그 역시 어린 자식을 잃었다고 말합니다. 그는 많은 것을 말하지는 않습니다. 다만 전화기를 들고 침묵합니다. 이 아버지는 나중에 자주 그때를 생각했습니다. 바로 이 한 명의 동료가 자신의 슬픔을 인정해 준 첫 사람이었노라고.

딸을 비극적인 사고로 잃은 어머니와 아버지는 그 다음 날 검은 옷을 입은 한 남자의 방문을 받습니다. 남자는 멀리 떨어진 도시에서 왔고, 라디오에서 이 사고 소식을 들고는 바로 그를 찾아왔다고 합니다. 남자가 그들에게 말합니다. 자신도 비슷한 사고로 자식을 잃은 아버지라고. 그들 앞에 이제 어떤 일이 일어나는지를 말해 주려고 왔다고 말입니다.

아버지를 잃은 한 청년은 학교 친구 한 명에게서 온 편지를 읽습니다. 이 친구의 아버지는 1년 전에 죽었습니다.

"그 당시 가장 큰 위로가 된 건 나 한 사람만 이런 고통과 아픔을 겪는 게 아니라는 사실이었습니다. 아버지의 죽음 뒤 내 곁에 있어 준 많은 사람을 이야기하는 게 아닙니다. 그건 나처럼 사랑하는 사람의 죽음으로 슬퍼하고 있는 이들을 말합니다. 그런 사람들이 얼마나 많은지를 깨닫게 되었습니다. 그로부터 내가 느끼는 이 엄청난 고통이 나 혼자만의 특별한 상황이 아닌 지극히 자연스러운 것임을 알게 되었습니다. 그리고 이 고통이 언젠가는 자연스럽게 지나갈 거라는 점도 알게 되었습니다."

사랑하는 사람을 잃은 사람들의 모임은 많습니다. 추모가족 모임의 명칭도 다양합니다. 어떤 이들은 이 모임을 'The Tribe of After' 즉 '그 후의 종족'이라고도 부릅니다.

죽음은 매번 모두 다릅니다. 슬픔도 매번 다 다르고요. 남겨진 이들은 누구나 고유한 방식으로 혼자죠. 하지만 그들끼리는 얼굴의 표정으로 눈으로 서로의 고통을 이해하고 있다는 사실을 알게 됩니다.

바로 이 점 때문에 남겨진 이들의 공동체가 만들어지는 이유입니다. 그들은 혼자지만 이런 점에서 결코 혼자가 아니게 됩니다. 그들은 서로 만나고 대화를 나눕니다.

근래는 인터넷을 통해 세계 전 지역의 사람들이 서로 고통을 위로해 주는 모임도 가능해졌습니다. 그들은 이곳에서 슬픔의 자유로움을 느낄 수 있다고 말합니다. 동일한 처지에 있는 사람들끼리라면 솔직한 대화를 나눌 수 있으니까요.

슬픔은 감각을 흐리게 합니다. 남겨진 사람들은 스스로를 혼란스럽고 산만하다고 느끼기도 합니다. 늘 걸곤 했던 전화번호를 까먹고 자물쇠에 꽂은 열쇠를 뽑지 않고 초록색 신호등을 보지 못하고 자기 집 주소나 가스레인지의 불을 켜 둔 것을 잊어버리죠.

이런 간단한 일상의 행위들을 잊고 이성과 먼 어떤 곳에서 헤매고 있는 자신을 발견합니다. 무엇에 집중할 수가 없는 거겠죠. 책 한 줄 혹은 신문 제목을 읽을 수 있는 정도 밖에 되지 않을 때가 많으니까요. 죽음에 대한 슬픔을 연구하는 심리학자들은 이걸 인지능력 손상이라고 부릅니다. 슬픔의 안개라고도 부르죠.

남아 있는 사람들은 이 시기에 많은 조언을 구합니다. 대부분은 흑백논리로 교재나 요령 같은 걸 말입니다. 그들은 누군가 자신을 통제해 주기를 바라기도 하고 이 슬픔에서 벗어날 수 있는 어떤 지식을 갈구하기도 합니다. 하지만 곧 실망하고 말죠. 그 어떤 조언으로도 실제 겪는 고통에 특효약은 없거든요. 상황 지식이라는 게 얼마나 무용지물로 보이는지 모릅니다.

그래서 남아 있는 사람들의 공동체의 어떤 회원들은 수년이 흐른 뒤에 이런 극단적인 시기에 도움이 되는 요령들을 종합해 만들어 놓기도 했습니다. 대략 이런 것들입니다.

- 물을 마실 것
  (눈물 때문에 탈수가 되므로)
- 외출할 것
  (바람은 네가 어떻게 지내는지 묻지 않으므로, 나무들은 누가 우는지에 관심 없으므로)
- 움직일 것
  (이 모든 빌어먹을 상황에서 달라질 것이 없지만 그래도 운동할 것, 잠시 동안의 산책이라 할지라도, 운동은 진정작용이 있으므로)
- 샤워할 것
  (모든 게 아무 의미가 없는데 왜 몸을 씻고 빨래를 하냐고? 거의 느

끼지 못하겠지만, 그게 정화 작용을 하므로)

- 먹을 것

   (조금이라도, 적어도 죽이라도)

- 무엇인가를 돌볼 것

   (꽃이나, 개, 자동차, 무언가를 조금 돌보는 게 도움이 되니까)

- 조심할 것

   (당신들을 위해서나 다른 이들을 위해서. 슬픔의 파도가 높이 솟아

   오르면 기계를 작동하거나 자동차를 운전하거나 도로를 빨리 건너

   는 것은 위험하므로)

   어떤 이들에게는 슬픔의 첫 시기에 이런 거친 요령들이 도움이 되기도 합니다. 또 누군가에게는 이 혼돈이 자신만의 예외적인 게 아니라는 사실을 아는 것만으로도 위로가 됩니다. 이렇게 작동이 멈춘 채 몇 날, 몇 주가 흐릅니다. 당신을 그리워하는 사람은 당신이 죽은 후 마치 시간 감각이 없어진 것 같이 느끼죠. 순간순간 아무 위로도 받지 못한 채 무심히 흐릅니다.

   어쩌면 당신의 유족은 당신의 유언장이 공개되기만을 기다리고 있을지도 모릅니다. 당신의 만일 유언장을 작성해 두었다면 당신의 마지막 유지를 알게 될 테고 그것으로 물질적인 종결에 이릅니다.

   어쩌면 당신의 유족들은 6주 후에 교회에 가서 당신을 위한 위령미사를 드리는 전통을 따를지도 모릅니다. 아니면 40일이

지난 후, 예수가 사막을 지나간 동안만큼, 모두가 함께 모여 무덤을 방문할지도 모릅니다. 이건 영적인 종결의 형식인 셈이죠. 그렇다고 해서 이런 것들로 친구들과 가족들이 당신의 죽음을 어떻게 여기는지, 어떻게 받아들였는지를 판단할 수 있는 건 아닙니다. 내면의 슬픔은 언제나처럼 다중적이기 때문이지요.

혹시라도 그런 일 때문에 괴로워할 필요는 없습니다. 어떤 이들에게는 슬픔을 이겨내는 힘이 더 셀 수도 있으니까요. 어쩌면 그들 중에는 처음 죽음을 알게 됐을 당시와 똑같은 고통을 느끼고 있는 사람들도 있기 마련입니다. 이 역시 걱정할 이유는 아닙니다. 6일 또는 6주, 6개월이라도 마찬가지죠.

슬픔에는 유효기간이 없는 것입니다.

20
남은 사람들이
당신을 조금이라도 만나기 위해
헤매고 다닙니다

당신을 그리워하는 사람들 중에는 당신이 죽고 난 며칠 혹은 몇 주 후 당신을 찾기 시작하는 이들이 있습니다.

그들은 일어나서 목적도 없이 당신을 찾아 나섭니다. 그들은 당신의 온기, 존재를 느끼려고 도시나 숲속을 헤매고 있습니다. 그들 자신도 설명할 수 없죠. 스스로에게조차 말입니다.

그들은 당신이 죽었다는 걸 알고 있습니다. 그런데도 자연으로, 사람들 사이로, 사방으로 당신을 조금이라도 만나기 위해 밖으로 나갑니다. 냄새를 쫓아 따라가는, 희미해진 냄새와 기억을 따라 추적하는 행위처럼 말입니다.

심리학자들은 추구행위라고 부르더군요. 특히 당신과 매우 친밀한 관계에 있던 사람들은 이따금씩 당신을 발견했다고 믿기도 합니다.

당신이 지금 이곳에 존재하고 있다는 느낌을 받는 것입니다. 때론 당신의 목소리를 들었다고 믿기도 합니다. 당신이 마치 그들 옆에 서 있기라도 한 듯 가까이 있음을 감지합니다.

이따금씩 이 느낌들이 너무나 강렬해서 그들은 실제로 당신을 어디선가 봤다든가 또는 당신에게서 조언을 들었다고 확신합니다. 전문 심리분석가들은 소망의 병증이라고 부르죠. 동경 자체가 인상을 만들어 내서 현실을 왜곡하는 겁니다.

공동체 모임의 선배들은 이런 감정들을 느긋하게 받아들이라고 조언합니다.

어디선가 당신과 너무나 닮은 사람을 보았다고 해서 미친 게 아니라는 걸 아는 게 중요하다고 말이죠. 이건 매우 흔하게 일어나는 일이라는 걸 기억하라고 말합니다. 너무나 슬프기에 나타나는 '환영'이라고요.

남겨진 이들은 자주 과거로 돌아갑니다. 당신의 죽음을 처음부터 되짚어 보기 위해서입니다. 의사들이 질문을 던지던 순간들을 기억해 냅니다. '자신의 상태를 어떻게 보십니까? 이 병에 대해서 무엇을 알고 계신가요?'라고 묻던 처음의 대화까지 말입니다.

치료에 대한 희망과, 의사들이 당신의 상태가 어떤지 털어놓았을 때의 대화를 기억합니다. 마지막 휴가 여행에서, 당신의 팔의 힘이 얼마나 약하게 느껴졌는지를 기억합니다.

마지막 외출을 그리고 당신의 얼굴에 역력히 번지던 피로의 기색. 마지막으로 여름 햇볕 속에, 겨울바람 속에 앉아 있던 날들을. 처음 약을 먹고 난 후 두 번째 약을 먹고, 세 번째 약을 처방받았던 것을 기억합니다. 알약에 이어 주삿바늘, 투약, 마치 의학재료가 당신을 둘러싸고 무성하게 자라나듯 관이며 주머니며 그 많은 호스들과 바늘들.

그들은 당신의 통증을 기억하고 스스로를 질책합니다. 그들의 아픔은 거기에 비하면 아무것도 아니라며, 그러니 정신 차리라고, 정신을 똑바로 차려야 한다고.

그들은 마지막 순간의 당신의 호흡을 기억합니다. 당신의 불안, 당신이 꺼져 들어가던 것을. 당신 곁에 있던 나날들. 전화가 왔습니다. 병원에 남아 있던 가족으로부터 걸려 온 전화였지요. 그 떨리는 목소리. 당신은 직감했습니다. 무슨 일이 일어났는지를 말입니다.

그렇게 많은 것을 떠올립니다. 매 순간들을, 갑자기 기억 속에서 불타오르기 시작한 장면들과 처음과 끝, 중간에 일어났던 모든 일들, 이것저것을요. 이 모든 것 역시 지극히 자연스러운 일입니다. 기억들을 정리하는 중인 걸요. 어떤 이는 더 많이, 어떤 이는 조금 덜.

어떤 이들은 당신이 죽기 전에 일어났던 일들을 매시간, 매일, 매주 단위로 분석하기도 합니다. 어떤 예고가 있었나? 어떤 징표를 간과했던 걸까? 이 병을 예고할 만한 무엇인가 있지 않았나?를 고민합니다. 누군가는 이런 기억의 정리들 덕분에 당시에는 몰랐던 어떤 메시지를 얻게 되었다고도 합니다.

어쩌면 미리 당신의 죽음을 경고하는 장면이 있었다고도 믿습니다. 테라스에 죽어 있던 동물, 휴가에서 돌아올 때 차 안에서 보았던 검은 먹구름, 이런저런 일이나 여행을 가고 싶어 했던 당신의 반응, 무심코 던진 작별 인사 한마디.

자동차 안에서 했던 그 말이 불길한 징표였던 겁니다. 고장 난 기기가 당신의 죽음을 미리 예고하고 있었다고 하는 것이죠.

누군가에게는 이런 생각이 유치해 보일지 모릅니다. 하지만 남겨진 사람들에게는 매우 자연스러운 일입니다. 그들은 당신의 죽음 안에서 의미를 읽습니다. 남들은 그런 징표를 발견하지 않습니다. 아무 예견도 보지 못합니다.

생각하면 어처구니없다고 느껴지기도 합니다. 당신이 죽기 전까지 모든 게 얼마나 정상적이었는지 모릅니다. 얼마나 일상적인 하루를 보내고 있었는지 말입니다. 하늘은 파랗고 도로는 차들로 가득 차 있었습니다.

우편함에는 세금신고서가 들어 있었습니다. 모든 게 그야말로 정상적인 생활이었습니다. 별안간 계절이 바뀌고 있다는 것을 알게 되었습니다. 나무들이 헐벗고 여름이 지나가고, 낙엽이 떨어지고 겨울이 옵니다. 하지만 당신의 꿈을 꾸는 사람들은 그걸 거의 보지 못합니다. 그들은 당신의 얼굴만 떠올리지만 그 얼굴도 점점 희미해지는 것을 느낍니다. 당신의 목소리가 아직 귓가에 생생하지만 기억 속에서는 점점 작아집니다.

당신이 웃을 때 어떤 모습이었죠?

화가 났을 때, 즐거웠을 때는 어떤 톤으로 말을 했었죠?

이제 그들은 더 이상 확실하게 기억할 수가 없고 이 상태가 끔찍하게 느껴집니다. 슬픔이 생생했던 초기에는 그들의 영혼 속에 당신의 모습을 깃발처럼 들고 다녔습니다. 그들은 당신을 잊지 않을 거라고 확신했습니다. 절대, 절대, 절대로.

하지만 기억 속에서 당신이 계속 살아갈 거라는 그들의 상상은, 세상이 끝나는 날까지 생생할 거라는 상상은 환상이었습니다.

기억은 돌에 새겨진 게 아닙니다. 바위처럼 굳거나 절대 사라지지 않는 무엇이 아니죠. 기억이란 오히려 자신의 자리를 스스로 찾아 안주하고 세월이 가면 흐름의 방향을 바꾸는 강과 같습니다. 추모 일기를 쓰는 사람들은 기억 속 변화를 떨어지는 눈에 비유합니다. 천천히 그리고 조용히 눈송이들이 망자에 대한 기억 위에 내려 덮어 버린다고 말입니다. 이런 변화는 또 다른 습관을 만들어 냅니다. 과거 당신에 대해서 이야기하는 법을 배우는 것이죠.

어쩌면 당신을 그리워하는 사람들은 당신의 옷들을 정리하거나 물건을 정리하는 일을 감행할지도 모릅니다. 이 일에서도 슬픔의 처리 방식은 개인마다 다릅니다.

어떤 이들은 모든 것을 즉시 집 밖으로 내다 버립니다. 자기 자신을 위해서 얼른 추스르고 일어나야 한다는 뜻으로 당신의 물건들을 구분합니다. 못 쓰는 옷가지는 수집함 통 속에 넣을 것, 분리수거용 물품과 벼룩시장에 팔 것들, 사진과 기념으로 갖고 싶은 것을 분리합니다.

자신의 냉정함에 스스로 두려운 마음이 들면 당신의 특별한 물품들을 다른 사람들에게 제공함으로 스스로를 위로합니다.

누군가는 물건을 갖다 버리겠다는 의지 자체가 첫 신발 한 켤레에서 좌절되기도 합니다. 바지 하나, 셔츠 하나마다 손에 쥐어 보며 마치 그 안에 당신이 몇 그램이나 들어 있는지를 재기라도 하는 듯 망설입니다. 당신의 책들을 남에게 주기를 꺼리고 그것들을 읽는 걸 한 번도 보지 못했는데도 말입니다. 이미 고장 난 물건에도 집착을 보입니다.

슬픔의 파도는 이런 시기에 가장 높게 솟아오릅니다. 그렇게나 많은 기억들과 그렇게나 아픈 고통, 추모자 공동체의 사람들 역시 물건을 정리하는 일에 시간을 가지라고 충고합니다.

한때는 당신의 것이었던 물건들에게서 작별할 수 있도록 거리를 두고 생각해야 합니다. 하지만 몇몇 물건들은 간직해 두는 것이 좋다고 합니다. 사진들은 당신의 얼굴을 보여 줄 겁니다. 비디오 영상들은 당신의 웃음을 보여 줄 겁니다. 웃고, 걸어가고, 짜증을 내거나 춤추는 장면들을 보여 줄 겁니다. 자동응답

기나 휴대폰에 당신의 목소리와 말이 저장돼 있을지도 모릅니다. 당신의 냄새는 제일 먼저 날아가 버리지만 어떤 것보다 강한 기억을 불러일으키죠. 어떤 사람들은 냄새를 차단하는 비닐봉투에 망자의 옷가지를 넣어 냄새를 보관합니다.

이건 별스런 일이 아닙니다. 이상한 일도 아니죠. 당신을 기념하는 여러 방법 중 하나일 뿐입니다. 기억이 희미해지는 건 당연하니까요.

슬픔은 사람을 쇠약하게 만듭니다. 그리고 지치게 만듭니다. 죽음을 애도하는 사람들은 천천히 그 슬픔 안에서 살아가는 법을 배웁니다. 그들은 마음을 다잡고 눈물을 참습니다.

다른 사람들 속에 섞여 있을 때만이라도 체면을 지킵니다.

어떤 사람들은 하루하루 새 아침을 맞으며 일종의 무장을 하기도 합니다. 하지만 이건 그리 강력한 도움이 돼 주지는 못합니다. 작은 제스처 하나, 작은 기억의 파편이 자기 통제를 무너뜨리기 십상이기 때문입니다. 그러고 나면 고통이 파도처럼 높이 솟아오르고 주체할 수 없이 눈물이 쏟아져 흐르고 맙니다.

탁자의 당신자리, 벽에 걸린 사진, 여전히 남아 있는 당신의 편지들.

1년이 지났습니다. 가을이 끝날 무렵 모두가 고인을 기념할 날이 다가오고 있습니다. 사람들 인파 속에서 당신이 즐겨 사용하던 향수 냄새가 떠다닙니다. 집 안 어딘가에, 서랍 속에, 책갈

피 안에, 입고 있던 재킷 주머니 안에서 당신이 적어 놓은 쪽지가 나타납니다.

슈퍼마켓 냉장고에서는 당신이 즐겨 사던 브랜드의 요구르트가 보입니다. 어떤 곡, 어떤 맛, 어떤 장소를 가는 일이 슬픔의 촉매제가 돼 버립니다. 그러면 기억이 떠오릅니다. 그 모든 순간이 순식간에 여기 있습니다. 이 곡을 들으며 함께 했던 저녁 그리고 모든 다른 저녁들, 이 양념 맛을 당신이 얼마나 싫어했는지.

그 많은 요리의 순간들, 당신이 집으로 오는 도로가 시작되던 교차로, 그때 우리는 얼마나 행복했고 젊었던가! 이 그림들이 소용돌이처럼 모든 것을 빨아들입니다.

고통이 제일 심한 감정의 저 밑바닥으로 또 끌어내리고 있습니다. 공동체의 사람들은 이런 촉매제를 함정에 비유합니다. 기억 자체가 쳐 놓은 함정이라고 말입니다. 이들은 이 함정을 피해 가려고 노력합니다. 자주 가던 친숙한 구간이 아닌 새로운 길을 찾고 그와 연관된 장소를 피하려고 노력한다고 합니다.

하지만 모든 것을 피해 갈 수는 없는 노릇입니다. 무엇보다 세월의 흐름을 피할 수가 없죠. 당신을 기념하는 1년의 날이 다가왔으니까요. 당신의 생일이, 당신의 기일이 말입니다.

그들은 지나간 것만을 잃을 뿐 아니라
당신과의 미래를 함께 잃습니다.
학자들은 이 상실을 책에 비유합니다.
당신 인생의 역사가 책 한 권이라면,
그게 갑자기 중단되는 것입니다.
어느 한 페이지에서 갑자기. 어느 한 줄에서 갑자기.
모든 미래를 위한 장들은 찢겨 나갔습니다.
계획과 희망도 소멸되었습니다.

21
당신 없이
1년이
지나갔습니다

당신 없이 1년이 지나갔습니다. 365일, 독일에서는 전통적인 애도 기간이 끝납니다. 이 1년 후에는 과부에게도 재혼이 허락되었습니다. 유대인은 무덤가의 묘석을 벗겨 내도 됩니다. 그리스정교회나 카톨릭교도들은 위령미사를 다시 한 번 지냅니다.

하지만 남겨진 당사자들에게는 이 1년이 다르게 느껴집니다. 오늘로부터 1년 전 당신은 떠났습니다. 그날 이후부터 당신은 매일매일 더 이상 존재하지 않았습니다.

그래서 누군가는 이 기일을 싫어하는지도 모릅니다. 아니면 그래서 이 기일을 지키려고 하는지도 모르고요.

기일은 힘든 날입니다. 아들을 잃은 어머니는 그의 첫 사망일에 느꼈던 특별한 외로움을 기억해 낼 것입니다. 그 뒤에 돌아온 아들의 생일을. 많은 친척이 예전처럼 축하 전화를 걸어오지 않았습니다. 어머니는 그 사실이 슬픕니다. 모두가 오늘을 잊기라도 한 것 같다는 생각이 듭니다.

한편 그들이 전화를 하지 않은 것은 당신을 혼란스럽게 하고 싶지 않다는 이유랍니다. 하지만 그들은 모릅니다. 이미 어머니의 정신은 언제나 혼란스러운 것을요.

기일이 되면 당신을 기억하는 사람들이 한 자리에 다시 모여듭니다. 겨우 몇몇만이 모였습니다. 그들은 조금 울고, 아니면 많이 울고, 아니면 전혀 울지 않습니다.

이제 당신은 과거로 물러났습니다. 매일매일 조금씩 달이 바뀔 때마다 점점 더 깊이. 변화는 이미 들어와 있었습니다. 하지만 은밀한 변화죠. 그것은 조용히 옵니다. 시간을 가지고 천천히. 아침이 밤을 밀어낸 것을 혹은 집이 따뜻해졌다는 것을 인식한다면 이미 변화는 일찍부터 시작된 것입니다.

남겨진 이들은 당신의 죽음 뒤에도 삶이 있음을 알아차립니다. 어떤 이들은 슬픔이 이때부터 시작되는 거라고 느끼기도 합니다. 그전의 것들, 고통과 괴로움 후에 고통이 분석되는 능력이 생긴 이 순간들이 정말 슬픈 현실이 아니냐고 말합니다.

슬픔은 역동적이고 다중적입니다. 슬픔은 올라갔다, 내려가고, 이리로 저리로, 앞으로 뒤로, 움직입니다. 마치 놀이터의 시소처럼.

이건 내면에서 투쟁 중인 슬픔이고 고통이 되어 가라앉았다가 함께 지냈던 삶을 아쉬워하고 당신과 결합을 원하는 슬픔입니다. 이런 면에서 슬픔은 이리저리 흔들립니다. 어떤 때는 한쪽이 더 큰 무게로 어떨 때는 다른 쪽이 더 큰 무게로. 하지만 몇 주, 몇 달, 몇 년이 지나는 사이 슬픔은 더 자주, 점점 더 오래, 희망을 바라보는 쪽을 택합니다.

그렇게 슬픔 옆에서 살아가는 법을 배웁니다. 그들은 탁자 옆 당신의 자리가 비어 있는 것에 익숙해졌습니다. 그들은 이제 다시 식욕을 갖고 밥을 먹습니다. 잠을 더 깊이 자고 다른 꿈을 꾸죠. 아침에 깨어나는 순간들도 편안해집니다. 한때는 당신의 것이었던 물건을 버리는 일도 쉬워졌습니다.

슬픔의 방식이 모두 다르듯 이런 변화가 언제 일어날지는 아무도 모릅니다. 어떤 이들은 훨씬 빨리 겪습니다. 당신의 손자들의 기억에서 멀어지는 일은 당신의 자식들보다 빠를 겁니다. 어떤 이들은 단 몇 달 후에 맞기도 합니다. 누군가는 1년 후 혹은 그 이상일지도요.

이제 그들은 당신의 죽음을 슬퍼하는 동시에 다른 것에 기뻐해도 된다는 걸 알게 됩니다. 순간순간, 사람들, 삶에 대해서요.

처음에는 조금 두려움을 느낍니다. 당신의 죽음에 대한 슬픔이 그렇게까지 한없이 크지 않고 그렇게까지 심하지 않다는 사실이 말입니다. 그렇게나 오랜 삶의 한 부분이었던 당신이 고작 2년이 지났을 뿐인데 이렇게 퇴색한단 말인가를 두고서.

몇 달 내내 그렇게나 생생했던 기억이, 웃음소리가 잊히는 것이 말이죠. 그러나 이것 또한 지극히 자연스러운 일입니다. 당신에 대한 생각이 이동하는 것뿐입니다. 공원의 어느 벤치로, 서재의 책들 옆으로, 산책길로요.

어떤 이들은 이제 오로지 당신과 관련 있던 곳에서만 당신을 찾습니다. 마치 슬픔이 방향을 전환하기라도 한 듯. 이제 망자와 새로운 관계, 지금과는 다른 관계를 맺는 과정이 시작된 것뿐입니다.

이제 당신이 떠난 건 3년 전의 일이 되었습니다. 당신이 죽은 지 4년 혹은 5년. 통계청은 당신의 죽음을 벌써 오래전에 계산해 넣었고 망자의 숫자에 포함했습니다. 당신을 알던 대부분의 사람은 당신이 세상에서 사라진 것에 점점 익숙해집니다. 이제 그들은 이따금씩 묻곤 합니다. 이제 그들은 당신의 이야기를 거의 하지 않습니다. 당신을 그리워하는 일도 드뭅니다. 직장동료들, 지인들, 친구들은 당신의 죽음 자체를 잊은 건 아니지만 그들의 삶에 당신이 함께 했었다는 의미를 잊어버렸죠.

당신은 과거가 되었습니다. 그들은 이제 웃을 때마다 미안해하지 않습니다. 그렇다고 해서 슬픔이 끝났다는 뜻은 아니죠. 그건 전혀 아닙니다.

당신이 죽은 지 6년이 되었는지, 어쩌면 7년, 8년, 9년이 되었을지도 모르죠.

하지만 여전히 어떤 날에는 당신이 마치 어제 죽은 것처럼 느껴집니다. 당신을 추모하는 슬픔이 점점 더 침묵하게 될지 몰라도 그렇습니다. 사랑하는 사람을 떠나보낸 적 없는 사람들은 이 커다란 슬픔 덩어리가 얼마간 시간이 흐르면 줄어든다고 가정합니다. 시간이 지나며 점점 더 작아지고 부서져서 어느 날에는 완전히 사라진다고요. 이건 완전히 틀렸습니다.

단지, 슬픔이 점점 더 작은 공간에 모여 있게 되는 것뿐입니다. 슬픔은 예전과 똑같은 크기로 남아 있으며 없어질 수 없는 상태로 작은 공간에 놓이는 겁니다. 슬픔은 여전히 남습니다.

나이가 들어 느끼는 죽음의 슬픔은 조금 다릅니다. 죽음은 이제 나와 깊은 연관이 있게 됩니다. 자신 역시 이제 갈 때가 되었다고 느끼는 슬픔입니다.

친구 한 명이 죽을 때마다 자신의 한 조각이 함께 죽는 것 같이 느껴집니다. 이 도로가 50년 전에 어떻게 생겼었는지 기억하던 남자가 죽었습니다. 지금은 아무도 이해하지 못하는 속담이나 별칭을 기억하고 있던 여자가 죽었습니다.

당신이 사랑하던 사람들은 나이를 먹을 겁니다. 아이들은 부모가 되고 부모들은 조부모가 되고 조부모는 죽습니다.

당신의 친구들도 줄고 있습니다. 매우 인간적인 일이며 자연스러운 일입니다. 당신의 장례식을 준비하고 씻기고 무덤가에서 울던 사람들조차 그렇게 될 겁니다.

지금까지 단 한 번도 자신의 죽음이었던 적이 없을 뿐입니다.
하지만 우리 모두는 죽습니다.

22
성직자가 기도합니다.
먼지에서
먼지로 돌아가리라

관이 구덩이로 들어갑니다.

사제가 기도합니다.

먼지에서 먼지로 돌아가리라.

그리고 영원한 불빛이 그들을 비추리라.

이제 우리는 우리 안에 있는 그를 위해 기도합시다.

누군가 한 명씩 죽을 때마다 당신을 향한 슬픔은 희박해지고 기억이 엷어집니다. 당신은 사라지는 중입니다. 당신의 재가든 단지는 분해되었고 재는 흙 안으로 섞여 들었습니다. 오로지 단지의 뚜껑과 당신의 재의 번호가 새겨진 내화 벽돌만 남았습니다.

　이제 매장된 땅이 망자의 마지막 잔여물이 얼마나 오래 갈지를 결정합니다. 자갈과 모래로 이뤄졌는지, 점토층이 있는지, 지하수 사정은 어떤지, 얼마나 부패되기 쉬운 성질인지 등 토질에 따라 좀 더 길거나 짧은 시간이 걸립니다.

　공동묘지마다 법으로 규정된 최소 매장 시간을 바탕으로 시신의 충분한 부패와 적당한 추모가 가능한 시간을 각기 따로 정하고 있습니다.

　공동묘지에는 새로운 망자가 매장됩니다. 묘 업자들은 삽으로 땅을 파고 남은 것을 더 깊은 곳에 묻은 뒤 그 위에 다음 망자를 매장합니다. 그런 것을 싫어한다면 납골당에 안치를 하죠. 하지만 공동묘지에서는 단지들을 열어 재를 모두 모아 한꺼번에 자루에 담고 그 자루를 매장합니다.

　법은 한 사람의 출생증명서를 110년 동안 관공서에 보관합니다. 한 번 출생했던 사람이 죽고 사라지고 망각되는 기간이라고 봅니다. 혼인 증명서는 80년 동안 보관됩니다.

　사망증명서는 30년입니다. 그리고 당신의 역사는 남아 있는 사람들이 아닌 관공서가 담당하는 역사가 됩니다. 당신의 죽음은 벌써 30년 전, 40년 전, 50년 전의 일입니다.

　아주 어렸을 때 당신을 알았던 이들만 남았습니다. 아주 아득한 옛 기억이겠죠. 겨울이었던가? 여름이었나? 몇 년도였더라? 하고 더듬어도 도무지 기억할 수 없겠죠. 무덤장인들은 세 번째로 땅을 파서 오래된 뼈들을 한데 모아 정리를 하고 있습니다.

60년, 70년, 80년, 90년 이미 오래전 당신의 존재는 혼령으로 존재할 뿐입니다. 증조할머니가 예전에 혹은 증조할아버지는 그 당시에, 같은 물러간 한 시대의 그림자로 말입니다. '이 당시 입었던 옷들 좀 봐! 이 기기들 좀 봐!'라고 하면서요. 아무도 당신이 어떻게 웃었는지 더 이상 알지 못합니다. 당신한테 소중했던 노래가 무엇이었는지 모릅니다.

아무도 당신의 존재를 모릅니다.

한 침대 위에 어느 노인이 죽어가고 있습니다. 당신이 죽었을 때 태어나지도 않았던 남자죠. 죽어가는 이 노인 역시 그때의 당신과 같은 모습입니다. 두 눈은 눈덩이 깊숙이 들어갔습니다. 허약함이 입을 헤벌리게 했죠. 뺨이 움푹 들어갔습니다. 코는 뾰족합니다. 얕은 숨을 쉬면서 미동도 거의 없습니다. 턱이 갑자기 떨리고 한 번 더 숨을 들이마십니다. 그리곤 정적.

당신의 이야기를 들어 본 당신의 존재를 알고 있는 한 사람이 죽었습니다. 그의 죽음과 함께 당신의 죽음도 완전해졌죠. 이제 당신은 당신의 모든 사람들과 마찬가지로 완전한 망각 속으로 빠져 버렸으니까요.

당신의 죽음을 슬퍼하는 사람들의 수는 점점 줄어듭니다.

당신의 죽음에 동행하던 사람들.

무덤가에서 울던 사람들조차도.

마지막 순간까지 희망을 품습니다.

죽음? 그건 늘 다른 사람의 죽음이었죠.

단 한 번도 자신의 죽음이 아니었습니다.

하지만 우리 모두 죽습니다.

그리고 그들조차도 이젠 그게 언제인지 알고 있습니다.

PART 4

모두를 위한
뒷이야기가 있습니다

23
나
그리고
당신의 죽음

2014년 독일 의회에서 안락사를 법적으로 어떻게 규정할까를 놓고 토론했을 때 저는 여기에 크게 매료되었습니다. 그 논쟁은 의회에서 유례를 찾아볼 수 없을 만큼, 감정적이고도 개인적이었고 정당들 사이에 있던 일반적인 경계를 넘어 국회의원들 모두 솔직하게 의견을 나누었습니다. 민주주의의 위대한 순간이었죠. 2015년 11월 국회의원들이 결정적 투표를 실시할 때까지 언론은 법안에 대한 찬반 의견을 개진하고, TV 토크쇼가 열리고, 여론 조사가 진행되었습니다.

그때 저는 이런 생각을 했습니다. '모두가 죽음에 대해 이야기하고 있는데, 죽음이 도대체 무엇이란 말인가? 죽음이란 무

엇이지?'

저는 몇 년 전에 아빠가 되었고, 당시 삶의 출발에 대한 글을 읽는 일에 깊이 심취해 있었습니다. 부모가 될 이들을 위한 책들에는 수정된 난자가 인간의 모습으로 성장해 가는 기적 같은 과정이 상세히 묘사되어 있었습니다. 저는 죽음에 대한 책도 이렇게 많이 있을 거라고 믿었습니다. 안내서 같은 것, 죽음이 무엇인지에 대한 질문의 답을 발견할 수 있는 그런 책.

하지만 그런 것을 찾을 수 없다는 걸 알고 매우 당황했습니다. 그리고 호기심이 일었습니다. 저는 저널리스트입니다. 이 일을 사랑하는 이유는 이 일을 하면서 호기심을 갖는 것이 허락되고, 계속해서 새롭게 다시 질문해도 되기 때문이죠.

늘 질문을 던지고, 심지어는 바보 같은 질문을 던져도 됩니다. 저는 호기심이 많고, 무언가에 대한 설명을 찾아내기를 좋아합니다. 그래서 일에 착수했습니다. 의학 전공자들이 가는 도서관에 가서 책을 뒤졌습니다. 뮌헨 대학의 의과대학 도서관이었습니다. 여기가 아니면 어디에서 죽음에 대해 알아보기 시작하겠습니까.

하지만 책들이 천장까지 빼곡히 들어찬 이 도서관의 홀에서조차 죽음에 관한 것은 없는 듯했습니다. 저는 그 안에서 방황했습니다. 도서관은 2층짜리였는데, 의사 전공과목마다 각각의 방이 따로 있었죠. 해부학과 수술에 관한 책들은 끝없이 꽂혀 있고 마취와 방사선 치료를 다루는 책들의 책꽂이도 끝없이 길었습니다. 출산에 대한 책도 같은 것이 수십 권이나 꽂혀 있었습니다. 하지만 인생의 종말에 대한 책은 전무했습니다.

이상한 일이었죠.

'하필이면 병과 죽음과 싸우는 의학이 죽음이라는 주제는 거부한다? 모든 인간이 동의하듯, 죽음이란 삶에서 유일하게 확실한 것이 아닌가? 우리 모두는 죽는다는 사실 말이다. 그러한 내용을 다루는 책들은 어디 있단 말인가?'

결국 저는 맨 뒷줄에서 자연치료법이라는 주제 바로 옆의 좁은 코너에서 죽음을 발견했습니다. 대체의학에 관한 코너였죠. 죽음이라는 주제를 다루는 과목. 그중에서 『대체의학 교재』라는 두꺼운 책 한 권은 1,400페이지에 달했습니다. 직접적인 죽음의 과정에 관한 장은 9페이지 분량이었죠.

책으로 가득한 2층 건물 전체에서 단 9페이지의 죽음.

바로 그 순간이 이 책의 출발점이었습니다. 전 알고 싶었습니다.

인간이 죽으면 정확히 무슨 일이 일어나는가?

죽음은 언제 시작되는가?

죽음의 길은 어떤 경과로 진행되는가?

그리고 그다음에는 무슨 일이 일어나는가?

그래서 저는 죽음을 찾아 나섰고 죽음 이후에 관한 질문을 던졌습니다. 처음에는 대체의학 의사들에게 대답을 부탁했습니다. 저는 하나의 기계나 언어를 탐구하듯 죽음을 탐구하고 싶다는 꿈이 이뤄질 수 없음을 빠르게 깨달았습니다. 그러기에 죽음은 너무나 복잡하고, 죽음의 경과는 개인마다 모두 다르다는 것을요.

의사들은 죽음이 딱 정해진 계획 같은 것을 따르지는 않는다고 설명합니다. 제 첫 반응은 실망이었습니다. 하지만 저는 죽음이라는 주제를 다루면 다룰수록, 죽어간다는 것과 죽음을 완전히 이해할 수는 없다는 사실에 매료되었습니다.

전문가들은 이러한 상황을 받아들이라고 했습니다. 취재 초기에 만난 의사 한 명은 저에게 죽음이 그렇게 수수께끼인 것이 나쁘지 않다고 생각한다고 말했습니다. 그는 저에게 멋지게 『죽어감: 인류학적 기본 현상의 차원들』이라는 제목의 전집을 추천했습니다. 저는 그 전집에서 죽음에 대한 다양한 학문 분야별 관점을 깊이 다루는 데 매료되었습니다.

미국에서 사형선고를 받은 죄수 한 명이 있다고 했을 때 심리학자는 이 죄수를 이미 죽어가고 있는 사람으로 이해했습니다. 죄수가 자신이 죽는다는 사실과 죽는 시간까지 알고 있기 때문입니다. 하지만 죄수를 진찰한 의사는 절대 죄수를 죽어가는 사람으로 이해하지 않습니다.

저는 고민했습니다. 이렇게 이상한 수수께끼 같은 특성이라도 죽어가는 과정을 묘사할 방법이 있지 않을까? 이때 일간지 쥐트도이체 차이퉁사(Suddeutsche Zeitung, SZ)의 기록보관소가 제가 하는 일에 큰 도움이 되었습니다. 죽어가는 것과 죽음에 관한 기사가 몇 편 있었는데, 이것들에는 공통점이 하나 있었습니다. 구체적인 사건을 중심으로 다룬다는 것이었죠.

이 기사들은 어떤 한 사람이나 여러 사람의 죽음을 예로 들며 죽어가는 것과 죽음을 직접적으로 묘사했습니다. 기사들을 읽는 동안 죽어가는 사람들의 운명에 마음이 아파 자주 울기까지 했습니다. 하지만 이 슬픔은 제 안의 또 다른 것을 깨웠습니다. 그것은 즉각적인 반사 작용 같은 거였는데, 그것을 통해 저는 죽음이라는 주제와 잠시나마 거리를 둘 수 있었습니다. 즉 이 운명들은 모두 남의 것이지 나의 것은 아니라는 생각이었습니다! 마치 다른 이들의 죽음에 대한 내 연구가 나와 하나의 사실 사이에 장벽을 만들어 주는 것 같았습니다. 하지만 죽음이 내게도 역시 찾아올 것이라는 사실, 제가 자신의 미래에 대해 유일하게 확실히 알고 있는 사실, 언젠가 죽을 것이라는 사실을 깨달았습니다.

저는 질문을 던졌죠. 이 장애를 어떻게 허물지? 적어도 산문으로? 내가 죽어가는 것을 묘사하려고 노력한다면, 나는 이것이 누구에게나 해당하는 일임을 확실히 해야 한다. 이 책을 읽는 모든 독자에게도 언젠가 일어날 일임을 말이다. 죽음에 관한 책이기는 하지만, 그냥 아무나의 죽음을 이야기해서는 안 되는 것이다. 그게 아니라 바로 '나 그리고 당신의 죽음'이어야 한다고 말입니다.

이 아이디어를 실천하기 위해서 죽어가는 과정 안에 없던 것 하나를 창조해 내야 했습니다. 가능하면 죽음의 많은 단면을 내재하고 있는 주인공 평범한 할머니, 청년, 아이라는 가공의 인물 말입니다.

죽음에 대해 잘 알고 있는 사람들을 찾아 나섰습니다. 의사뿐만 아니라 간호사들, 호스피스 도우미들, 법의학 의사들, 완화 의학과 교수들. 저는 많은 사람을 만나며 취재했고, 그러면서도 누구를 더 만나야 좋을지 계속 질문했습니다. 죽음에 관한 지식은 마치 모자이크 같이 한 조각 한 조각밖에는 존재하지 않는데, 누가 이런 지식을 가지고 보통 사람을 도울 수 있을까?

저는 거의 한평생을 대체의학에 모두 바친 의사들을 만났고 지금 막 일하기 시작한 젊은 의사들도 만났습니다. 학술논문들과 죽어가는 사람이 자신의 상황에 대해 성찰하며 집필한 개인적인 책들을 읽었습니다. 죽음을 담으려고 노력한 통계 결과, 도표, 영화들을 보았습니다. 사제들과 유족들, 죽을병에 걸렸던 사람들과 이야기를 나누었습니다.

이 대화들은 짧을 때도 있고 길 때도 있었습니다. 저는 그 대화에서 어떨 때는 단 하나의 인상만 느끼기도 했고, 어떨 때는 죽음에 관한 책, 시, 예술 작품의 긴 추천 목록을 받기도 했습니다. 그리고 머지않아 더 이상 죽어가는 것의 문제가 아니라 죽음 뒤의 모든 것들, 즉 죽음과 그 후의 시간들에 대해서도 다루어야 한다는 것을 깨달았습니다. 장례업자들과 만났고, 검안의, 운구자, 추모 동행자를 만났죠.

저는 작은 공동묘지 매장소와 큰 수도원 납골당을 방문했습니다. 장례업자들에게 저도 함께 작업해 보겠다고 부탁했고, 사체검안 의사를 동행하고 호적부 공무원이 일하는 곳을 취재했습니다. 화장터를 방문했고 추도식에도 참석했습니다. 죽어가는 할머니, 청년, 아이는 죽은 할머니, 청년, 아이가 되었습니다. 그리고 죽은 망자가 가는 길을 따라 서술하려고 노력했습니다.

이 가상의 인물들은 망자 옆에서 일하는 의사와 장례업자가 저에게 제한 없이 함께 체험하도록 허락해 준 덕분에 만들어질 수 있었습니다. 개인 영역의 보호를 받을 권리는 누구에게나 있으며 이 보호권은 죽음을 뛰어넘어서도 계속됩니다.

그리고 시신은 법 앞에서 특별한 존엄성을 보호받기도 합니다. 그래서 망자가 묘지까지 가는 길의 모든 정류장마다 외부에는 공개되지 않고 차단됩니다. 심지어는 저널리스트에게까지.

망자 옆에서 일하는 전문가들 중 어떤 이들은 제가 그들에게 망자의 세부사항을 절대 발설하지 않고, 망자를 독일에서 죽은 모든 사람들의 공통된 원형으로 그린다고 약속했기 때문에 그러한 조건하에 너그럽게 그들의 일에 참관하도록 허락해 주었습니다.

그래서 저는 죽은 이뿐만 아니라 산 자들까지도 모두 익명으로 처리했고 해당 인물에 대한 어떤 힌트도 남기지 않았습니다. 자신의 이름과 직업을 인용해도 좋다고 허락한 사람들에게도 마찬가지로 익명을 부여했습니다. 이 책에 나오는 모든 장소들 역시 바로 이런 이유로 모두 익명으로 처리했습니다. 또한 독자의 죽어감과 죽음을 직접 이야기해 보는 제 이런 접근 방식이 두 가지 결과를 낳을 수 있다는 사실을 알리고 싶습니다.

하나는 독자 개인의 죽음으로 끌고 가는 이 방식이 결국 독자로 하여금 죽음에 대해서 잘 알게 되었다거나 죽음을 제어(컨트롤)할 수 있다고 느끼게 한다는 것입니다. 이 책에서는 이런 경향이 더욱더 강하게 나타나기 쉽습니다.

사실 죽어간다는 것은 지식과 컨트롤의 반대이며, 죽음에서 지식은 한계에 부딪히기 마련입니다. 죽어감과 죽음에 대한 고민이나 사고는 모두 지적인 성격을 지니고 있지만 죽어간다는 것은 정신이 아니라 영혼과 관련된 과정입니다.

또 하나는 제가 글을 쓰는 동안에 발견한 우려점이기도 한데, 이야기를 직접 거는 형식으로 죽음과 추모를 다루는 경우에는 실제 현실적 상황이 불명확하게 전달된다는 것입니다. 고인을 하나의 원형으로서 그리기 위해서 저는 그를 둘러싼 유족들을 설정해야 했습니다. 즉 그가 살아 있을 때는 그를 사랑하고 돌봤으며 이제는 그를 위해 우는 사람들이요.

그런 설정을 통해 친구나 가족이라는 매우 사회적인 주변 환경이 존재한다는 인상을 줍니다. 죽음의 면전에서 여전히 능숙하게 기능을 다하는, 겁도 없고 분쟁도 없는 사람들로 이루어진 환경 말입니다.

하지만 죽어감과 죽음에 대한 현실은 이와는 전혀 다릅니다. 어떤 이들은 자식이 없습니다. 어떤 이들에게는 그를 위해 울어 줄 사람이 아무도 없는 경우도 있습니다.

경험 많은 한 운구 전문가가 자신이 본 최근의 가장 큰 변화에 대해 말해 주었는데, 말 없는 화장이 분명히 늘어났다고 했습니다. 즉 작별도 추모식도 없이 시신을 그냥 화장해 매장하는 경우가 늘고 있다는 것이었습니다.

저는 우리 시대의 죽음에 대한 이런 슬픈 단면을 말해 주고 싶었습니다. 저는 이따금씩 이 책에서, 이게 사실은 죽어감과 죽음에 대한 글임에도 죽음을 너무 따뜻하고 친절하게만 그려서 어떤 사람들이 죽거나 매장될 때의 상황을 너무 아름답게만 묘사한 것 같다는 느낌이 들었습니다.

이것이 제 책의 너무 중대한 단점이 아니기만을 바랍니다.

마지막으로 저는 이 책에서 죽어감과 죽음에 대해 일반적이고 알기 쉽게 서술하려고 했습니다. 이건 교과서도 학문적 연구 논문도 아닙니다. 그래서 주석을 달지 않았습니다. 취재 도중에 전문가들에게 조언을 받았지만 그들의 말이나 그들의 작품을 인용하지도 않았습니다. 하지만 그들 모두에게 감사합니다.

제가 이름을 밝힐 수는 없지만, 죽어감과 죽음에 대한 경험과 작업을 함께하게 허락해 준 여러분 모두에게 감사를 표합니다. 특히 이 책을 집필하는 동안 제가 만났던 죽어가는 이들과 죽은 이들에게 감사합니다.

이제 한 번 생각해 볼까요!

서두를 필요는 없습니다.
다만, 꼭 필요한 준비를 시작하는 것뿐입니다.

당신의 장례식에 어떤 이들이 오기를 바라나요?

_____

_____

그날의 추모식은 어떤 방식이면 좋을까요?
당신이 즐겁게 웃던 어느 날의 영상이 있기를 바라나요?
아니면 당신이 즐겨 듣던 노래가 흐르면 좋을까요?

_____

_____

당신은 어디에 있고 싶나요?
가족묘지? 아니면 납골당?

_____

_____

화장을 하고 싶나요?
그렇다면 어느 곳에 뿌려지기를 원하나요?
아니면 수목장? 그곳은 어디인가요?

_____

_____

누가 당신의 장례를 맡아야 할까요?

미리 정해 둔 장례업체나 전문가가 있나요?

남겨진 이들 중에 누가 제일 걱정되나요?

그를 위해 무엇을 준비해 놓아야 할까요?

지금, 당신이 사랑하는 그들은

당신의 사랑을 충분히 받고 있나요?

충분히 느끼고 있나요?

당신은 무엇을 하지 않은 걸 후회하게 될까요?

어떤 게 가장 자랑스러운 일이 될까요?

이것은 오직 당신 자신의 죽음입니다.
당신이 탄생한 그 순간부터
반드시 있게 될 확실한 종결.

우리 모두에게 일어날 일.

그래요,
그렇기에 우리는, 당신은, 나는
준비해야 합니다.

내 삶이 오직 나 자신의 방식이었던 것처럼
죽음 또한 온전히 내 방식대로 이뤄져야 합니다.

죽음의 에티켓

초판 1쇄 발행 2019년 9월 16일
초판 18쇄 발행 2022년 6월 8일

지은이   롤란트 슐츠
옮긴이   노선정
발행인   김승호
펴낸곳   스노우폭스북스
편집인   서진

마케팅   김정현 · 이민우 · 김이슬
영업   이동진 · 박민아

편집진행   이현진 · 최민지

디자인   강희연

주소   경기도 파주시 광인사길 209, 202호
대표번호   031-927-9965
팩스   070-7589-0721
전자우편   edit@sfbooks.co.kr
출판신고   2015년 8월 7일 제406-2015-000159호

ISBN   979-11-88331-74-1(03100)